Chemins croisés

ÉRIC GUÉRIN
PHOTOGRAPHIES ERWAN BALANÇA
AVANT-PROPOS PIERRE GAGNAIRE,
HERVÉ BOURDON, ALEXANDRE GAUTHIER

ulmer

AVANT-PROPOS

Mes parents tenaient un restaurant de façon classique, le père en cuisine et la maman aux affaires courantes, c'est-à-dire en charge de tout le reste ou presque, l'éducation des quatre enfants, l'accueil des clients, la fermeture du restaurant le soir très tard, les chiffres, la mauvaise humeur de son mari... bref, un tableau manquant singulièrement de joie.
Donc être cuisinier n'a jamais été mon rêve, ce fut plutôt pour moi presque un cauchemar.
J'ai mal appris ce métier pendant dix ans et puis, un jour, la révélation est venue du regard des autres; la cuisine instinctive et immédiate que je faisais pour mes copains suscitait subitement un intérêt pour ma personne, je m'apercevais que ces gestes et cette façon de cuisiner créaient un lien affectif que je n'avais jamais ressenti, l'émotion et le bonheur prenaient largement le pas sur le simple fait de se sustenter.
D'un coup tout s'est éclairé, il fallait juste que j'écrive passionnément ma partition en me libérant des contraintes sociales et psychologiques qui étaient prêtes à m'engloutir.
Depuis 45 ans, je communique et construis des liens d'amour et de respect avec mon environnement grâce à la magie d'un plat bien préparé. Évidemment la qualité, l'origine et la saisonnalité du produit m'intéressent, mais au final l'énergie que j'arrive à conserver ne tient qu'aux rencontres incroyables que me permet mon travail quotidien.
Comme tous mes confrères, je m'investis énormément; la récompense ultime, c'est le retour émouvant des gens qui s'assoient à notre table, la frustration étant de ne pouvoir approfondir toutes ces belles relations.
Ce que je suis, je le dois aux autres, ces autres qui m'aident à réfléchir, qui m'aident à me cultiver, qui m'aident à rester attentif et modeste. La première relation à réussir est celle que l'on tisse avec les gens avec qui on travaille car sans une équipe forte et soudée, rien n'est possible; en n'oubliant jamais que le dernier arrivé est aussi important que le plus ancien.
Finalement ce métier de cuisinier-restaurateur ne peut pas bien se faire sans une grosse dose d'humanité.

Pierre Gagnaire

Je ne crois pas au hasard. Nos chemins ne sont faits que de nos choix, de nos erreurs et de nos réussites, de nos chutes et de nos joies, de nos peines et de nos amours. Alors forcément, il y en a qui se croisent.

Hervé Bourdon
Le Petit Hôtel du Grand Large

Dans chaque parcours, les premières rencontres sont souvent décisives car elles peuvent influencer le cap ou même inscrire consciemment et inconsciemment l'ambition d'un chemin de vie.
J'ai rencontré Éric il y a 17 ans, un homme de son temps qui avait fait son choix de vie dans une ruralité, au cœur des marais. Sa maison et sa cuisine réinventaient déjà une campagne et son environnement. Il avait commencé à défricher son territoire et redonner à la province ses lettres de noblesse.
À cette époque, je donnais un peu d'aide à mon père qui traversait une phase compliquée dans sa carrière de cuisinier. Finalement, je n'ai jamais quitté ma maison, *La Grenouillère*, elle aussi au cœur d'un marais, celui de La Madelaine-sous-Montreuil. Je n'ai cessé d'avancer et de m'appliquer à faire revivre ma ruralité, mon chez-moi.
La possibilité d'être dans ma maison, ce que je suis au plus profond de mes convictions, de mes engagements, de ma vision du métier, de croire en mon lieu et en moi-même, vient certainement en partie de ma rencontre avec Éric, et de *la Mare aux Oiseaux*.
Depuis, mon chemin a été jalonné de rencontres de tous horizons, d'une variété dense qui m'ont enrichi humainement et professionnellement. Elles sont les surprises et cadeaux si éphémères de la vie.

Alexandre Gauthier
La Grenouillère

Deux mille vingt, vingt sur vingt, la note parfaite! Du moins celle que j'aimerais obtenir après avoir noirci ces quelques pages; dissertation, rédaction, simple écriture, témoignage du temps qui passe… La passion d'une vie.

Flash back, retour vers le futur: le 1er avril 1995, la coquille se brisait, laissant sortir de l'œuf la petite « Mare aux oiseaux »; alors qu'en cette année 2020, le 1er avril, la maison a fêté ses 25 ans — un quart de siècle.

Une étape de plus pour ce couple indissociable que nous formons tous les deux, liés depuis tant d'années, accrochés l'un à l'autre sur notre petit morceau de Brière flottant entre deux bleus.

25 ans pour elle, 50 pour moi! Balle au centre *La Mare aux Oiseaux*: la moitié de ma vie.

25 ans, c'est aussi l'âge que j'avais quand j'ai fait le choix de quitter Giverny, d'abandonner ma vie parisienne, ma famille, mes amis, mes ambitions de grande maison étoilée avec une seule certitude en tête: la Brière et l'envie de vivre sur cette île!

Jeune, inexpérimenté, malgré dix années de dur labeur au sommet de la gastronomie parisienne, il m'est impossible aujourd'hui de refaire le chemin à l'envers, de comprendre et d'expliquer le hasard de cette impulsion de vie. La voie était loin d'être dégagée et j'ai trébuché plus d'une fois, conservant la fraîcheur et une certaine insouciance, qui m'ont certainement permis de passer toutes les embûches, avec pour seul mot d'ordre l'envie de vivre et l'amour, comme une flamme en avant levée vers la victoire.

Suivez-moi si vous y croyez…

Franchissant chaque marche, épaulé de mes fidèles chevaliers, combattants de chaque instant, impliqués, piqués, perfusés de la tourbe au chaume, nous avons déplacé tant de montagnes.

L'étoile au Michelin en 2000 est arrivée d'ailleurs comme un souffle nouveau, provoquant les premiers agrandissements en 2003 pour mes 33 ans, âge mystique de notre résurrection; puis 2008, la blessure suprême, l'astre disparaît, la maison et l'équipe sont plongées dans le noir, c'est la faillite à nouveau.

Ironie du sort, dès 2009, les dieux nous éclairent à nouveau avec le retour de notre fleur d'or.

C'est l'âge de raison, j'ai 40 ans, je pousse les murs, donne à la Mare une autre impulsion: plus grande, plus belle, un parking, une salle de petit-déjeuner, une autre salle de restaurant ouverte sur le village; ça y est, j'assume enfin l'idée de vivre ici pour un petit bout de temps.

Finie la bulle camouflée dans la végétation luxuriante de mon jardin; regardez-moi, regardez-nous, la maison est en vie et elle est si belle.

En son cœur, la famille croît elle aussi, les équipes évoluent, bougent, disparaissent pour mieux se reconstruire. Passionnés, habités par notre territoire, notre inspiration, ce terrain de jeu, d'eau douce en eau salée, de terres agricoles aux terres sauvages, de prairies en forêts, de la tourbe à la roche, nous respirons tous chaque atome de ce beau territoire afin de nous y épanouir, donnant ainsi l'impulsion vibratoire à la maison.

2020. Les années passent, dépassant même mes projets de vie! 50 ans, ultime étape du seul programme que je me suis jamais fixé, celui d'avoir à nouveau le choix, et le pouvoir de changer le cours de mon existence pour certainement repartir ailleurs, loin, très loin, me construire une autre vie, hors des fourneaux. Peut-être plus artistique, plus personnelle; hier encore, c'est comme cela que je dessinais mon futur...

Mais l'horloge me rattrape, l'amour est toujours plus fort, c'est peut-être ça, l'âge de la maturité! Après une longue réflexion, c'est décidé, je vais rester, pour donner une nouvelle impulsion au pays des oiseaux, remodeler une fois encore la chair de mon antre, pétrir la pâte pour la gratifier d'une nouvelle forme avant de la laisser pousser à la chaleur des 10 prochaines années.
Au travers de ce nouvel ouvrage, je tenais à écrire quelques lignes pour vous présenter ma terre et surtout ceux qui l'habitent et me donnent le frisson chaque matin; à la base de chaque histoire, ils reflètent l'inspiration créative, et donnent un sens à ma vie d'homme de cuisine. J'espère trouver les mots justes, simples et sincères pour vous transporter à leur rencontre.

À l'heure où la tendance est aux chefs qui cuisinent avec fierté les légumes de leur potager, j'ai fait un choix différent, celui du pied de côté. Et cela, même si je conserve des terres agricoles en dormance depuis de nombreuses années; prêtes à accueillir quelques plantations diverses et variées pour le plus grand plaisir du cuisinier que je suis — effectivement j'aurais pu le faire depuis longtemps!
Mais l'homme en a décidé tout autrement et je vous avoue aujourd'hui que ce message d'autosuffisance ne me correspond pas. J'ai toujours mis en avant mon amour pour la Brière, le respect fort que j'ai développé pour mon territoire, pour cette île au milieu d'un marais, posée comme un bateau sur une langue de terre que nous appelons La presqu'île. C'est là, au cœur de cette biodiversité incroyable, que je vis depuis 25 ans, bravant toutes les tempêtes pour faire rayonner mon amour.
Alors oui, j'ai fait le choix d'un maillage humain, responsable et économique, en laissant en friche mon potager. Depuis la naissance de *La Mare aux Oiseaux*, j'ai comme la majorité de mes confrères cherché les producteurs, et leurs produits, pour qu'ils deviennent la source nécessaire à mon imagination en cuisine. Travaillant ce qu'il y a de meilleur, vous proposant de croquer la vie à pleines dents dans mes assiettes. J'ai aussi fait le choix de ne pas crier au bio, ou au raisonné, de ne pas le signaler partout, de la carte des mets à la carte des vins, puisque cela me semblait tout simplement naturel. Une fois encore, je ne voulais pas avoir l'air d'être à la mode.

Au travers de ces quelques lignes pourtant, j'ai envie de vous le dire, de vous l'écrire, car les temps ont changé, et notre travail n'est plus cantonné au simple fait de vous construire une assiette, mais nous sommes aussi les garants d'une économie de proximité, d'un bien-manger qui passe par le goût, certes, mais aussi et surtout par l'énergie que nous partageons avec nos hôtes; et c'est sur ce point fort, et intentionnel, que j'ai envie de travailler aujourd'hui.

Le tournant, pour être honnête, je l'ai réellement abordé il y a 3 ans, lorsque je prenais la décision de missionner un expert de terrain parmi mon équipe. Je ne savais pas où cela allait me mener, et avoir un collaborateur juste pour cela semblait fou et irréfléchi. Ainsi Benjamin Larue, mon assistant (ancien second à la Mare, puis chef pour moi du Seasons sur la plage de la Baule) s'est retrouvé mandaté d'un travail de sourcing à 50 km à la ronde autour de la Brière. Trois années déjà et nos filets ont fait bonne pêche — quelle bonne idée, quelle merveilleuse idée.
À ce jour, nous avons non seulement découvert des pépites à côté de chez nous, qui ont largement contribué à faire évoluer ma cuisine, mais nous avons également apporté une certaine quiétude à toutes ces femmes et ces hommes de la terre qui ont fait le choix de vivre sur le fil délicat de la nature.
Ainsi, deux fois par semaine, Benjamin fait le tour, récoltant ce que chacun a de meilleur, au rythme non plus de la saison mais de la quinzaine. Sur le terrain, il écoute, échange en toute humilité, et chaque vendredi me dépose une liste sur le bureau: chez Arnaud, 3 kg de betteraves noires d'Égypte, des oignons; chez Mélanie, attention, elle va se retrouver avec une surproduction de haricots verts ou elle n'a pas vendu les poires de terre; Jean-Marie aura du superbe haricot de mer à maturité pendant 3 semaines, etc.
Tous les dimanches matin devant mon ouvrage, j'ai la couleur nécessaire pour assembler la vie, pour animer ma terre de prédilection, même si je dois souvent me creuser la tête pour sanctifier certains produits plus difficiles à mettre en scène et pour ne pas laisser en berne tel ou tel producteur.
Je suis cuisinier, oui, mais aussi conteur; je raconte des histoires, donne un sens à mes personnages, leurs outils, je dessine mes assiettes pour vous faire partager mes paysages, ma nature, mon pays, ma Brière, sauvage, économique et sociale. Ainsi, je suis fier de l'effet papillon que nous avons réussi à mettre en œuvre suite à cette impulsion.
Ce lien entre les différents acteurs qui, chacun à sa manière, façonne son labeur pour que notre région soit belle. Ce lien que nous avons mis en place pour que le courant passe et puisse allumer l'un après l'autre les lampions d'une chaîne alimentaire, culturelle, responsable et humaine; vitrine vivante d'un bout de terre que nous respectons tous et que chacun de nous, à son échelle, s'engage à protéger. Éloigné de tout lobby, assumant chaque résolution prise, souvent lourde et ourlée de prises de risques. C'est ce lien fort que je veux vous faire partager au fil de ce livre, car c'est celui qui m'anime, m'inspire et m'alimente au quotidien.

Fort de ce même amour, sans trouble ni murmure, j'ai façonné *La Mare aux Oiseaux*, perdue dans le sein protecteur de l'immense nature de Brière. Illusion! Chimère! Le lieu de tous mes rêves s'inscrit aujourd'hui encore dans un éclair de vie sincère et fragile. 25 années ont passé, une étincelle, une minute à peine brûlée en mon cœur étonné. Et pourtant ce matin encore, je travaille l'argile, dans la mémoire rendue fertile du limon déposé par tant d'âmes passées.
La Mare — ou la MAO comme nous aimons la surnommer entre nous — n'a qu'un désir immortel, celui d'enfanter toujours et sans fin, sans trêve, de nouvelles équipes pour vous recevoir.

Marie-Lise
Ma dame de cœur est venue à ma rencontre il y a 25 ans alors que je n'avais même pas ouvert la maison. Plongeuse et femme de chambre à l'origine, cette petite fille du pays brièron franchit les étapes: réceptionniste, puis responsable de l'hôtel, elle est maintenant à nos côtés comme assistante de direction.

Léo
Depuis cinq années, il grandit à mes côtés, véritable meneur d'hommes, il est mon double en cuisine. Du haut de ses 25 ans, il a laissé de côté la force pour transmettre avec empathie. Efficace, il donne toujours l'impulsion pour aborder mes changements de cap avec la brigade. C'est avec une certaine fierté que j'observe son parcours.

Cyril

17 ans de maison, son histoire débute en salle alors qu'il n'était encore presque qu'un adolescent. Le chef sommelier a trouvé ici un chemin de vie et de passion, mais aussi Chloé sa femme, et a donné vie à une ravissante petite fille. Pilier sans aucune controverse, acteur sur le terrain, de la vigne aux équipes, il nous forme, conseille, et accompagne avec brio et professionnalisme.

Bercé par les vagues successives, noyé dans l'éternelle jeunesse de cette mission, je me nourris de cette famille nombreuse que je nomme « mes piafs ».

Mon plaisir, c'est le partage, avide de cette éternité, sans cesse suspendu au doute de la réussite, je forme mes couvées dans un cercle vertueux. Sans relâche, accompagné des piliers qui soutiennent l'édifice, Félix, Marie, Hugo, Marie-Lise, Cyril, ou encore Benjamin pour les plus anciens; Léo, Thierry, Amélie — c'est ensemble que nous faisons le serment précieux de mêler nos gestes pour faire grandir la Maison, rayonner le marais, et vous transporter vers un ailleurs ici bas.

En immersion absolue, plongé dans la bienveillance de ce lieu intime, j'ai toujours considéré mon petit monde comme une bulle de bonheur au sein de laquelle le métier de la restauration prendrait ses plus belles lettres de noblesse et de passion.

Bien entendu, la tâche est aussi fragile que répétitive, et quand le pied trébuche, ou que le voile s'installe, je m'accroche à l'ivresse des réussites d'hier ou du chemin parcouru. Entraîné par l'énergie collective, soutenu par le souffle du ravissement qui traverse les poitrines de mes hôtes, je capture la moindre étincelle de cette existence, pour la transformer à nouveau avec mes fidèles, ravivant ainsi notre destinée.

MON ÉQUIPE

Passer la porte de *La Mare aux Oiseaux*, c'est emprunter un chemin de vie; cette maison est la mienne, mais elle est partage.
Évoluer à mes côtés, c'est prendre part au rêve éveillé d'un monde juste, fait de douceur et de vérité. Pénétrer le macrocosme de la MAO, c'est s'associer à mon idée d'être un passeur en toute humilité, pour perpétuer l'histoire de ce lieu unique qu'est le marais. C'est oublier qu'on est cuisinier, serveur, plongeur, réceptionniste ou femme de chambre, pour faire partie d'un tout; vivre et donner un sens à l'initiative collective, pour faire vibrer la demeure.
Ensemble, nous œuvrons pour l'autre, pour son plaisir, sans ego, traquant toute forme d'hypocrisie, pour que chacun puisse, s'il en a compris le sens, grandir et s'épanouir au sein de cette nouvelle famille.
Nous élevons les consciences face aux difficultés économiques de notre profession, fignolons chaque point à la recherche de solutions pour tous. Si certains ont voyagé, nous partageons nos richesses, agitant ce mélange des cultures pour mieux nous ancrer à notre terroir et l'exploiter avec amour.
C'est au travers de cette volonté forte, afin que chacun soit la prochaine pierre angulaire de l'édifice, que *La Mare aux Oiseaux* se construit, poussée par une jeunesse durable depuis 25 ans.

Félix
Il n'était pas du tout issu de notre profession, il l'a épousé sans hésiter pour m'accompagner et manie avec la grâce d'un chef d'orchestre les équipes de salle et de l'hôtel; riche d'un tout autre parcours, il nous a apporté un véritable regard extérieur et des idées nouvelles comme les cours de théâtre et de savoir-être. Plus qu'un metteur en scène, il est la flamme de la maison, mon pendant côté salle, indispensable à mon équilibre.

LES CLIENTS

Se rendre à *La Mare aux Oiseaux*, c'est accepter notre philosophie, pousser la porte d'un lieu habité allant bien au-delà de la simple promesse éphémère d'un hôtel ou d'un restaurant pour le week-end.
J'ai pensé le lieu comme un art de vivre au cœur de la Brière, nourri par l'insouciance et la découverte de mes escapades d'adolescent.
Depuis, c'est au travers de cette authenticité de l'âme, fortifié d'une culture que je veux sincère, élégante et sobre, que je façonne mon paradis à mon image. Dessinant les frontières d'un monde où le respect est capital, cherchant sans cesse l'harmonie, y mêlant l'art à la nature, le bon au beau, l'honnêteté et la gentillesse.

Ma quête est une subtile alchimie de l'homme dans son environnement, enraciné certes, mais résolument tourné vers l'avenir.
25 ans, marqueur de cette année 2020, des travaux une fois de plus pharaoniques, un lifting presque intégral qui vient souligner la forme, pour renforcer le fond.
Si *La Mare aux Oiseaux* d'aujourd'hui ne ressemble en rien à la petite chaumière d'hier, si l'homme que je suis devenu a perdu son indolence, ensemble, mus par la même audace, nous n'avons jamais cessé de respirer et d'avancer.

Au fil de remises en question permanentes, sans cesse hantés par le doute de dénicher ce qu'il y a d'optimal pour l'offrir à nos hôtes et nos équipes, nous conservons ce fil conducteur, humaniste et amoureux, que nous transmettons à tous ceux qui traversent le miroir.
Tout comme ma cuisine, la maison posée sur l'horizontalité du marais propose de s'amarrer à ma verticalité, puisant son énergie créative dans trois principes forts:
- la terre, pour les racines, le savoir-faire et l'histoire;
- l'eau, pour la mise en relation, le passage et la transmission;
- l'air, pour le voyage, le rêve et la migration, afin de conserver la part d'enfance qui est en nous et nous permet la création.

Ainsi suspendu entre deux ciels, en équilibre sur mon île en Brière, j'aspire à vous faire devenir un personnage de notre histoire…

MISES EN BOUCHE

THON FUMÉ À LA TOURBE

Pour 10 bouchées

1 feuille de riz
200 g de thon rouge
100 g de sel fin de Guérande
100 g de sucre
200 g de sciure de bois
100 g de tourbe séchée
5 câpres à queue
1 poire
10 baies de goji
75 g de vinaigre de riz
75 g de mirin

Mélanger le sel et le sucre ensemble, y rouler le thon et le laisser mariner environ 45 minutes — cela va permettre d'assaisonner le poisson à cœur.
Rincer le poisson sous l'eau froide puis bien le sécher.
Démarrer le fumoir en allumant la sciure de bois et la tourbe. Mettre à fumer 1 à 2 heures selon la puissance du fumoir.

Dans une poêle, verser une bonne dose d'huile d'olive et lorsqu'elle est fumante, y faire souffler les feuilles de riz, saupoudrer de fleur de sel et égoutter pour retirer l'excédent de gras.

Éplucher la poire, puis la couper en 2. Enlever les pépins et tailler la poire en brunoise fine, saler, poivrer, ajouter un filet d'huile d'olive.

Porter à ébullition le vinaigre de riz ainsi que le mirin, puis le verser sur les baies de goji, laisser refroidir à température ambiante puis conserver au frais.

DRESSAGE ET FINITION
Tailler des cubes de thon de 2 cm sur 2 cm.
Mettre chaque cube sur une feuille de riz frite, puis y déposer un peu de tartare de poire, une baie de goji ainsi qu'une câpre à queue.

CAROTTE CUMIN

Pour un grand cadre

Pâte de carotte
1 bouteille de jus de carottes lacto-fermenté
2 g de cumin
1 g de piment d'Espelette
1 g de poivre
1 clou de girofle
3 g de baies de genièvre
5 g d'agar-agar
5 g de gélatine

Carotte séchée
carottes

Poudre carotte-cumin
10 g d'acide citrique
30 g de sucre
3 g de cumin
3 feuilles de carottes séchées

Éplucher et tailler finement les carottes en rondelles à la mandoline.
Réunir tous les ingrédients de la pâte de carotte dans une casserole et faire bouillir.
Cuire les carottes dans le jus. Les conserver un peu croquantes. Les retirer à l'aide d'une araignée, bien égoutter, laisser refroidir et mettre à sécher 2 jours.
Réserver le jus.
Le lendemain, filtrer le jus, mixer avec l'agar-agar et cuire à 88 °C, puis ajouter la gélatine (préalablement trempée dans l'eau froide et égouttée).
Couler dans le grand cadre, filmer.
Laisser reposer une nuit.

POUDRE CAROTTE-CUMIN
Mixer tous les éléments au Thermomix®, réserver.

DRESSAGE
Couper de jolis cubes, tremper un côté dans la poudre, mettre une goutte de balsamique blanc, de la fleur de sel, la carotte séchée et autour, la feuille de carotte.

PARFAIT DE POMME DE TERRE ET NOIX DE CAJOU GRILLÉE

2 grosses pommes de terre
1 gousse d'ail
100 g de parure de lard fumé
1 l de crème
30 g de beurre de cacao
3 œufs
5 feuilles de gélatine
1 oignon

Chips de pomme de terre
1 pomme de terre
30 g de noix de cajou

Divers
sel et fleur de sel de Guérande, poivre du moulin, huile d'olive

La veille: Tailler les pommes de terre en gros morceaux puis les faire rôtir au four à 240 °C en les mélangeant très régulièrement afin d'obtenir une coloration régulière. Retirer du four quand la coloration est homogène (attention à ne pas les laisser brûler).
Dans une casserole, mettre le morceau de lard à fondre à feu doux, puis incorporer l'oignon et l'ail.
Faire suer le tout 5 minutes à feu doux, puis verser la crème et incorporer les pommes de terre torréfiées.
Laisser infuser 24 heures.
Passer la crème au chinois étamine, la mettre dans le Thermomix® avec les œufs et cuire 250 minutes à 90 °C. Ajouter le beurre de cacao et la gélatine, assaisonner et couler dans des moules silicone en demi-sphère, puis congeler.
Démouler 2 heures avant de servir.

CHIPS

Éplucher les pommes de terre, puis les tailler finement à la mandoline, les mettre dans l'eau puis bien les sécher à l'aide d'un torchon propre. Les faire frire à 150 °C.

DRESSAGE

Servir le parfait sur une chips avec de la noix de cajou hachée.

ROULÉS D'ANGUILLE MENTHE-ORTIE

150 g de chair d'anguille fumée, sans arêtes
100 g de lait entier
75 g de mascarpone
4 feuilles de gélatine
20 g d'ortie séchée
20 g de menthe séchée
(les deux se trouvent en magasins bio)

Mixer la menthe et l'ortie ensemble afin d'obtenir une poudre fine. Passer au tamis si besoin, réserver.

Faire tremper la gélatine dans l'eau froide.
Dans le Thermomix®, mettre tous les ingrédients et cuire 10 minutes/60 °C/vitesse 2.
Mixer à fond une minute, ajouter la gélatine égouttée, rectifier l'assaisonnement et mélanger à nouveau.
Sur un plateau bien plat, mettre une feuille de papier guitare ou un film plastique, couler une fine couche d'appareil à l'anguille, et saupoudrer de poudre d'herbes.
Faire prendre au réfrigérateur 30 minutes, puis rouler délicatement afin d'obtenir des jolis rouleaux.
Y tailler des morceaux de 2 cm.
Les déposer joliment, sur une petite assiette.

Jean-Marie et Valérie Pedron

Algues et herbes fraîchement cueillies sur nos côtes

Il ne marche pas sur l'eau mais sautille de rochers en rochers. Son domaine, c'est la côte sauvage et ses horaires sont rythmés par le va-et-vient des marées. Plus qu'un métier, une raison d'être; donner sa vie à l'océan, regarder sans cesse l'horizon pour y puiser la richesse d'une simple flaque entre les rochers. Il est là, son jardin secret.

Jean-Marie Pedron n'a pourtant rien d'Aquaman, mais quand il parle de la mer, les vagues semblent rebrousser chemin et je suis certain que les poissons l'écoutent. Fils de paludiers, il porte en lui l'héritage biologique et familial, mais au sortir de l'adolescence, il décide de suivre une voie plus urbaine au travers d'études de droit. Mais la nature coule dans ses veines et s'en éloigner pèse beaucoup trop lourd dans la balance, il tranche et rentre au Croisic pour y travailler en famille avec ses parents, pionniers de l'aquaculture marine. Concentré sur l'élevage de la crevette, Mister Pedron devient le Forest Gump de la côte ouest, le roi de l'*Artemia salina*, celle qui donne cette si jolie couleur aux flamants roses.

Puis il rencontre Valérie, son âme sœur; elle a 21 ans — lui 28 —, s'apprête à se diriger vers la communication après un temps passé aux Beaux-Arts de Nantes, mais, amoureuse, elle abandonne tout pour le suivre sur la côte. Au milieu des années 1990, le couple a besoin d'aller plus loin et décide de passer sous la surface pour mieux comprendre l'élément liquide.

L'aventure débute vraiment à Saint Malo, où ils participent à l'ouverture du grand aquarium marin, avec la mission d'en faire un véritable outil pédagogique.

Totalement autodidacte, emporté par la passion, Jean-Marie grimpe les échelons jusqu'à devenir le directeur général de l'aquarium de Lyon à sa création dans les années 2000. Pendant 5 ans, ils explorent l'élément liquide dans sa globalité, de nos régions jusqu'aux Tropiques; tout y passe, de l'eau douce à l'eau salée.

Mais le sang qui coule dans leurs veines reste connecté aux sirènes du Croisic et ils abandonnent une fois de plus leur chemin pour revenir à la source, s'installant sur les 7 ha de nature préservée de la saline de St Goustan. Pas de paludier en vue, mais tel le palétuvier, Jean-Marie plonge à nouveau ses racines dans le terrain où il a grandi; avec Valérie, ils montent une nurserie pour les huîtres et les palourdes. Une nouvelle aventure qui les entraîne en même temps vers la culture de micro-algues. Ils travaillent 7 jours sur 7, touchent à tout, et rien ne semble les arrêter, jusqu'à l'arrivée en 2008 d'une épidémie massive. Pendant plusieurs années, les huîtres françaises sont touchées par une mortalité soudaine et en 2010, nos deux compères ont tout perdu! Tout ou presque, il leur reste encore les algues; ils vont alors développer leur culture pour les besoins de la science.

Mais Jean-Marie veut autre chose, il a une autre idée et se rapproche timidement mais sûrement de Guillaume Brisard, alors chef étoilé au *Fort de l'Océan*. L'accueil est enthousiaste. Ce nouvel échange ravit notre homme, le contact avec les chefs, l'univers de chacun, la transformation de ses récoltes, la recherche de la perfection, le voilà à nouveau comme un poisson dans l'eau.

Dès lors, il décide de s'orienter vers une offre raisonnée; l'envie ne s'exprime pas au travers d'une quantité, mais de la qualité des produits. L'essentiel de la quête de Jean-Marie réside à briguer l'excellence tout en s'approchant au maximum de l'harmonie parfaite avec son terrain de jeu. Cueilleur, il connaît chaque flaque disponible quand la mer s'en retourne, il récolte ce qu'il doit, respectant la plante et sa vitesse de croissance, sans en oublier chaque habitant qui se nourrit de ce microcosme.

Cet émerveillement sans fin nourrit l'homme que je suis à chaque rencontre, les yeux ronds comme des billes derrière ses lunettes, le verbe agité comme s'il avait toujours peur de ne pas arriver au bout de son message, de sa transmission, Jean-Marie est envoûtant pour l'amoureux de la nature. Il annonce 1500 sorties au moins en 6 ans, rythmées par l'Atlantique, sans jamais percevoir le moindre signe de routine. Je le comprends, moi qui parcours les forêts bretonnes et fouille chaque buisson de fougères, chaque roncier, chaque tronc mort à la recherche de la mordorée. L'écoute, le regard, la contemplation sont autant de richesses qui nous rapprochent; à peine besoin de mots: nos yeux, notre intention, cette alchimie passionnelle qui nous lie à la nature est transmissible pour ceux qui savent.

Engagés, discrets, Valérie et Jean-Marie apportent leur pierre à l'environnement, sans oublier le travail qu'ils effectuent avec les chercheurs de la Faculté des sciences de Nantes. La presqu'île, c'est certain, ils n'en partiront plus maintenant. En totale conscience de la richesse énergétique du lieu, transportés par les mouvements de l'eau, ils s'abandonnent au reflet des étoiles.

De son enfance au Croisic, Jean-Marie conserve un souvenir magique: lorsque l'eau se retirait dans la saline de ses parents, alors le petit homme capturait les épinoches dans les œillets et les alignait sur une planche, se servant de leurs épines dorsales pour les crucifier face au soleil. Pour l'adulte responsable qu'il est devenu, cela reste un tendre souvenir.

Les valeurs que Valérie et Jean-Marie défendent sont l'humilité face à cette nature qui les fait vivre; chaque cueillette est nouvelle, et ils se doivent de connaître, d'observer pour emprunter, non pas ce dont ils ont besoin pour tel ou tel chef, mais pour ramasser uniquement ce qu'il se doit pour assurer la continuité. Le terme « durable » est très important dans leur philosophie tout autant que celui de « renouvelable ».

Ce qui me touche singulièrement, en dehors du travail magnifique qu'ils réalisent en transportant la vie jusque dans mes assiettes, c'est la sensibilité, la fragilité qu'ils dégagent. Toujours prêt à transmettre si généreusement leur amour et leurs connaissances de l'océan, ils anticipent et répondent à la créativité de chaque professionnel exigeant et amoureux du produit, tout en partageant leur savoir au travers d'un accueil au grand public.
De cet accomplissement, ils puisent ainsi leur satisfaction au quotidien.

Avec ma baguette magique
Ils ouvriraient les portes de la conscience pour que l'homme accorde son vouloir avec son pouvoir, afin qu'ensemble nous puissions gommer les traces de notre humanité et retrouver une véritable planète bleue.

Si crue, elle est assez insipide, une fois chauffée, ou séchée, j'aime ses arômes d'herbe marine, vous offrant ainsi le meilleur de la mer.

L'aonori
C'est un genre de laitue de mer en filament, la préférée des Japonais. Elle développe les mêmes saveurs que sa cousine, mais en plus fin et plus subtil.

La nori
Cette algue noire est empiriquement à la base de la connaissance pour les Japonais. De nos jours, elle est devenue une industrie propre, menée sur un cycle de 2 ans, qui passe de l'invisible au visible. La nori conserve un goût très frais, proche du champignon, du sous-bois, quasi fumé, mais elle perd ses arômes rapidement une fois sortie de l'eau. Ainsi, pour la conserver, est-elle séchée, fumée, légèrement toastée, pour devenir la star des sushis.
Il en existe six espèces différentes en France, et leur qualité est bien entendu suspendue aux conditions de cueillette, de transport et de conservation, si chère aux Pedron.

Le spaghetti de mer
C'est en mars, avril et mai qu'il est à son apogée, la qualité se dégradant avec l'avancement de la saison. J'aime l'utiliser en cuisine pour sa richesse en fibres, et son côté graphique, frit ou séché, ou revenu à la poêle comme des haricots verts; il faudra toutefois une cuisson longue, avoisinant les 45 minutes, pour l'attendrir si vous n'aimez pas son côté craquant.

Le combu
Ce laminaire aime l'eau fraîche et oxygénée, il croît dans l'estrant et, timide, ne se découvre que lors des grandes marées. Il en existe plusieurs espèces dont la plus recherchée, le combu royal, est à l'origine du dashi, le bouillon japonais qui oscille sur le fil de la cinquième saveur, l'umami. Suivant les conseils avisés de Jean-Marie, je l'utilise en cuisine pour la cuisson des légumineuses; un morceau de combu séché réduit le temps de cuisson d'environ 40 % et les rend plus digestes. Séché, il transpire une odeur de cuir mouillé, alors qu'en état de semi-fermentation, il développe plutôt des arômes de réglisse ou de caramel.

LES PRODUITS

C'est tout un monde que j'inspecte, guidé par Jean-Marie et Valérie, allant de la connaissance du terrain jusqu'à l'assiette en passant par quelques rares fougères des mers aux saveurs très originales, marquées pour certaines par le goût prononcé de l'huître ou du poivre. J'explore la biodiversité de nos côtes comme avec la *Gratelupia*, cette algue invasive arrivée d'Asie — riche en antioxydants — qui se mange facilement, juste émincée, pour un apport de vitamines, mais qui une fois séchée présente un goût de jambon. Heureux, j'utilise cette cartographie sous-marine comme l'itinéraire fugace d'un explorateur du XIXe siècle.

La dulse
C'est la préférée des ormeaux et je ne manque pas d'en accompagner le mollusque à chacune de mes préparations comme si je devais assurer à ce dernier une nourriture céleste pour le grand voyage. C'est une algue pérenne — une vivace — riche en protéines. Rouge, la feuille est épaisse et déploie des saveurs de crustacé, à la frontière entre le marin et l'animal, avec une légère pointe fruitée. Une fois séchée, j'arrive même à développer des notes de fruits rouges, voire de fruits noirs.

La laitue de mer
C'est la plus connue en France, malheureusement pour le phénomène des marées vertes en Bretagne. Victime d'un excès de nutriments créé par l'homme, l'Océan atteint du syndrome d'obésité en produit plus que de raison. Pourtant, la laitue de mer est à l'origine de véritables prairies marines, évoluant dans une eau de mer équivalente ou presque au plasma sanguin (si on exclut toute salinité); elle est très riche en vitamine C, en calcium, potassium et magnésium, ce qui en fait un atout non négligeable à ma cuisine santé.

BŒUF BALEINE

Pour 6 personnes

6 portions de 100 g de filet de bœuf
de Brière
1 l d'huile d'olive
80 g de blanc de seiche

Jus de bœuf
300 g de parure de bœuf
1 tête d'ail
1 g de poivre noir
3 oignons
3 g de baies des minorités
1 c. à s. de sauce huître
20 cl de vin blanc
20 cl de vin rouge
1,5 l de fond brun
(ou du fond brun déshydraté)
40 g d'encre de seiche
80 g de beurre doux
1 g de gomme de xanthane

Purée d'héliantis
1 kg d'héliantis

150 g de tartare d'algues
de Jean-Marie Pedron

Divers
sel et fleur de sel de Guérande,
poivre du moulin, huile d'olive

J'ai eu la chance de plonger avec les orques et les baleines au nord de la Norvège. Ce voyage initiatique reste émotionnellement inoubliable. La saveur marine et profonde du tartare d'algues de Jean-Marie me transporte instantanément au cœur des Fjords, envoûté par le parfum prononcé du souffle des cétacés. Je voulais le retranscrire au travers du bœuf de Brière pour lui rendre la force incroyable de l'animal dans son élément sauvage.

JUS DE BŒUF
Dans une casserole, mettre un filet d'huile d'olive et faire revenir à feu vif pendant 5 minutes les parures de bœuf et la tête d'ail coupée en deux.
Incorporer le poivre, les oignons émincés et ajouter les épices et la sauce huître.
Saisir légèrement, puis déglacer avec le vin blanc et le vin rouge, mouiller avec le fond brun et porter à ébullition.
Ajouter l'encre de seiche. Cuire 1h30 à frémissement, passer au chinois.
Monter au beurre. Rectifier l'assaisonnement et finir avec le xanthane si besoin.

PURÉE D'HÉLIANTIS
Éplucher les héliantis, puis les mettre dans un sac sous-vide avec du sel et du poivre.
Cuire 1 heure au four vapeur.
Une fois cuit, mettre le tout dans un Thermomix®, ajouter sel et poivre, mixer une minute à vitesse 10.

DRESSAGE ET FINITION
Saisir la viande à la plancha ou à la poêle avec un peu d'huile d'olive, puis la laisser reposer dans le four à 40 °C. Lui redonner un petit aller-retour avec un beurre noisette au moment de servir.
Tailler les seiches en carrés de 3 x 3 cm, faire des petites entailles dessus, et les cuire à l'huile d'olive environ 2 minutes (cela dépend de la grosseur de la seiche), saler, poivrer.
Dresser sur une assiette plate une quenelle de purée d'héliantis, poser le bœuf coupé en deux, la seiche grillée, une petite quenelle de tartare d'algues, finir avec le jus de bœuf et un peu de fleur de sel.

Suggestion d'accompagnement: lentilles béluga et œufs de poisson, brunoise de girolles et en condiment, un petit râpé de poutargue.

BULOT
EN JARDIN SECRET

Pour 4 personnes

200 g de gros bulots
2 grains de poivre
1 oignon
1 gousse d'ail

Jus de nombril de Vénus
20 g de nombril de Vénus
5 g de coriandre
5 g de persil plat
5 de cerfeuil
300 g d'eau gazeuse

Mayonnaise de chou-fleur au safran
200 g de chou-fleur
200 g de lait
7 pistils de safran de Bretagne
70 g d'huile d'olive

3 choux de Bruxelles
50 g de chou romanesco
50 g de chou-fleur
50 g de chou-fleur jaune
100 g de chou-rave

Divers
sel et fleur de sel de Guérande,
poivre du moulin, huile d'olive,
sauce huître, gomme de xanthane,
pousses maritimes

Tout comme les Pedron fouillent la dune pour m'en offrir le meilleur, j'aime l'idée de replanter soigneusement chaque élément pour obtenir une pépinière de saveurs qui vous invite à croquer la vie de notre presqu'île.

BULOTS
Rincer les bulots à l'eau froide. Les mettre dans une casserole, remplir d'eau à hauteur, ajouter le poivre, l'oignon coupé en 2, l'ail et une poignée de gros sel. Cuire 15 minutes après l'ébullition, puis couper le feu et laisser les bulots refroidir dans leur eau de cuisson.
Enlever les bulots de leurs coquilles, puis ôter la partie noire à l'aide d'un couteau.

JUS DE NOMBRIL DE VÉNUS
Mettre tous les ingrédients dans le bol du Thermomix®, mixer le tout une minute à vitesse 10. Ajouter un filet d'huile d'olive, une pointe de gomme de xanthane, du sel et du poivre.

Tailler les choux-fleurs et le chou romanesco en petites sommités à l'aide d'un petit couteau, puis les réserver.
Éplucher le chou-rave, puis le tailler en fines tranches à l'aide d'une mandoline.
Tailler le pied des choux de Bruxelles, puis enlever les feuilles une à une.
Mettre de l'eau dans une casserole, ajouter une poignée de gros sel et la porter à ébullition. Y blanchir les feuilles de choux de Bruxelles 30 secondes, les refroidir directement dans de l'eau froide avec de la glace — cela permet de fixer la couleur verte du légume.
Enlever les feuilles de l'eau puis bien les égoutter sur du papier absorbant ou un torchon propre.

MAYONNAISE DE CHOU-FLEUR AU SAFRAN
Dans le bol du Thermomix®, incorporer tous les ingrédients puis cuire 20 minutes/98 °C/vitesse 2. Mixer le tout une minute à vitesse 10, puis ajouter l'huile d'olive et une pointe de xanthane; mixer de nouveau afin de monter la préparation comme une mayonnaise, rectifier l'assaisonnement si besoin.

DRESSAGE ET FINITION
Dans un petit récipient, réunir les choux et les bulots. Assaisonner le tout avec un filet d'huile d'olive, du sel, du poivre, une pointe de sauce huître.
Dans une assiette blanche légèrement creuse, mettre des points de mayonnaise de chou-fleur au safran, puis déposer délicatement le reste des ingrédients, finir avec le jus de nombril de Vénus, ainsi que les pousses maritimes.

SOYEUX COCOS DE PAIMPOL, MOULES DE CORDE DU CROISIC ET MIRABELLES COMME UN ÎLOT DE SABLE BLOND

Pour 4 personnes

40 moules de bouchot
ou sauvages du Croisic
40 g de beurre
1 gousse d'ail
1 oignon
10 cl de vin blanc
2 grains de poivre
1 feuille de laurier
1 branche de thym

Cocos
200 g de cocos blancs
(trempés la veille)
1 gousse d'ail
1 oignon
1 feuille de laurier
1 branche de sarriette

Jus de moule
jus de cuisson des moules
50 g de crème liquide
50 g d'huile d'olive
branches de fenouil sauvage
1 jus de citron jaune

Divers
sel et fleur de sel de Guérande,
poivre du moulin, huile d'olive,
sauce huître, gomme de xanthane,
pousses maritimes

Submergé par la vague aoûtienne, l'idée d'un îlot de quiétude me séduit, alors je l'imagine avec les produits de saison comme une vague de douceur salvatrice.

Dans une casserole, incorporer le beurre, la gousse d'ail, l'oignon émincé, le poivre, le thym et le laurier. Faire suer le tout à feux doux environ 5 minutes.

Déglacer avec le vin blanc, faire bouillir 2 minutes environ, puis incorporer les moules. Bien les remuer à l'aide d'une spatule en bois, poser le couvercle dessus mais surveiller régulièrement et enlever les moules ouvertes au fur et à mesure à l'aide d'une pince.

Filtrer le jus de cuisson des moules à l'aide d'un chinois étamine, le réserver. Décortiquer délicatement les moules encore tièdes. Les recouvrir d'huile d'olive pour mieux les conserver.

Dans le bol du Thermomix®, incorporer le jus de cuisson des moules, la crème, quelques branches de fenouil sauvage, le jus de citron, 50 g d'huile d'olive. Mixer le tout une minute à vitesse 10, ajouter une pointe de xanthane et réserver. (Ne pas rajouter de sel, le jus des moules est naturellement salé).

COCOS
La veille: Faire tremper les cocos dans l'eau froide et réserver.

Mettre à cuire les cocos dans une grande casserole remplie d'eau froide. Ajouter l'ail, l'oignon, le laurier et la sarriette. Cuire à feu moyen une trentaine de minutes. Aux trois quarts de la cuisson, ajouter 10 g de gros sel de Guérande, et laisser se poursuivre la cuisson hors du feu. Les cocos doivent garder une texture un peu ferme.
Réserver un quart des cocos avec un peu d'eau de cuisson.

Mettre le reste des cocos dans le bol du Thermomix®, incorporer un peu d'eau de cuisson et un peu de crème liquide, une cuillère de sauce huître, un tour de moulin à poivre. Mixer 2 minutes à vitesse 6. Rectifier la texture avec un peu d'eau de cuisson. Vous devez obtenir une texture lisse et pas trop épaisse. Rectifier l'assaisonnement si besoin.

DRESSAGE ET FINITION
Dans une assiette creuse, à l'aide d'un emporte-pièce, mettre la purée de coco et dresser harmonieusement le reste des ingrédients. Finir avec les pousses maritimes, le fenouil sauvage et verser la crème de coco autour.

Suggestion: ajouter quelques mirabelles.

PERDREAU RÔTI BORD DE MER, BLETTE, SPIRULINE

Pour 4 personnes

2 perdreaux rouges sauvages
100 g de laitue de mer

300 g de pommes de terre bleues de chez Huitric
100 g de fond blanc
70 g de beurre demi-sel

1 botte de blette
30 g d'huile d'olive
30 g de farine
1 citron

Jus de blette
1 oignon
10 grains de poivre blanc
10 grains de poivre noir
200 g de feuilles de blette
500 g de fond blanc
30 g de beurre demi-sel
30 g de cerfeuil

Jus de spiruline
1 échalote
10 cl de vin blanc
5 g de spiruline
30 cl d'eau de source

Divers
sel et fleur de sel de Guérande, poivre du moulin, huile d'olive, sauce huître

J'imagine un perdreau malin qui quitte la plaine céréalière pour se réfugier sur la côte sauvage pendant la saison de la chasse, je lui apporte alors la spiruline qui lui donnera les forces nécessaires à sa survie.

PERDREAU
Préchauffer le four à 170 °C.
Vider le perdreau, lui couper les ailes et les pattes.
Enrouler le perdreau dans la laitue de mer: il faut complètement le recouvrir, puis le ficeler pour faire tenir la laitue.
Dans une poêle chaude, ajouter un filet d'huile et un morceau de beurre puis faire revenir le perdreau sur toutes ses faces sans le faire brûler. Le cuire ensuite 5 minutes au four en l'arrosant très régulièrement. Le réserver au chaud dans un four à 40 °C.

POMMES DE TERRE
Éplucher les pommes de terre, puis les tailler en brunoise de taille moyenne, les rincer sous l'eau pour enlever l'amidon.
Dans une casserole, faire chauffer le fond blanc avec une cuillère de sauce huître, puis ajouter le beurre à l'aide d'un fouet et cuire les pommes de terre 10 minutes à feu doux. Elles doivent rester légèrement croquantes.

BLETTES
Séparer le blanc du vert, garder le vert pour faire le jus.
Éplucher les blancs de blette, enlever les fils à l'aide d'un couteau d'office.
Réaliser un blanc (cette méthode de cuisson permet de garder le blanc des légumes et d'éviter l'oxydation) dans une casserole en mélangeant la farine, l'huile d'olive, le jus de citron et du sel. Incorporer l'eau à l'aide d'un fouet, porter à ébullition et cuire les blettes 10 minutes, puis les maintenir au chaud.

JUS DE BLETTE
Mettre le beurre dans le bol du Thermomix® et ajouter l'oignon en quartiers et le poivre. Faire rissoler 3 minutes à 120 °C.
Ajouter les feuilles de blette et mixer, puis mouiller avec le fond blanc et porter à frémissement. Ajouter le cerfeuil, mixer, laisser reposer 2 minutes, mixer à nouveau et passer au chinois.

JUS DE SPIRULINE
Dans le Thermomix®, mettre l'échalote ouverte en deux dans la longueur et faire chauffer à 110 °C pendant 2 minutes sans mixer.
Ajouter le vin blanc et la spiruline et laisser cuire 2 minutes de plus.
Terminer avec l'eau, mixer et cuire à nouveau pendant 10 minutes, ajouter une pointe de xanthane, mixer et réserver.

DRESSAGE ET FINITION
Lever les filets de perdreau. Les réchauffer dans une noix de beurre mousseux.
Dresser harmonieusement dans une assiette: poser le filet de perdreau, mettre à côté les pommes de terre, les blettes, le jus de blette, ainsi que le jus de spiruline.

GÉSIERS DE CANARD PRESSÉS ET AUTRES PETITES FRIVOLITÉS

Pour 4 personnes

10 gésiers de canard confit

Huile d'estragon
200 g d'huile de pépins de raisin
½ botte d'estragon

Mayonnaise à l'estragon
100 g d'huile d'estragon
10 g d'estragon haché
1 jaune d'œuf
3 g de moutarde

8 câpres à queue
2 gousses d'ail confit au piment d'Espelette
1 fenouil
2 radis ronds rouges
2 algues
1 branche d'aneth
pousses maritimes

Divers
sel et fleur de sel de Guérande, huile d'olive, poivre du moulin

L'oiseau se gave avant de s'envoler, picorant à droite et à gauche l'énergie nécessaire à la grande migration. Voici une vision à la coupe de ce qu'il a dévoré de meilleur avant le grand voyage.

GÉSIERS

Placer les gésiers de canard dans un plat, puis les mettre 30 minutes au four à 70 °C. Égoutter les gésiers avec un papier absorbant, puis les placer entre deux feuilles de papier guitare. Aplatir à l'aide d'un rouleau à pâtisserie afin d'obtenir une épaisseur de 2 millimètres, réserver au frais.

HUILE D'ESTRAGON

Mettre l'huile de pépins de raisin dans la cuve du Thermomix®, ajouter l'estragon avec la tige, monter à 60 °C en vitesse 2, puis mixer. Laisser refroidir et infuser 1 heure, puis passer au chinois étamine et conserver au frais.

MAYONNAISE À L'ESTRAGON

Monter la mayonnaise directement avec le jaune d'œuf assaisonné et l'huile d'estragon bien fraîche.
Conserver dans une poche à pâtisserie.

GARNITURE

Couper les câpres à queue en deux.
À l'aide de la mandoline, tailler de fines tranches d'ail. Faire de même avec le radis et le fenouil, que vous conserverez dans l'eau froide pour garder les légumes frais et fermes.
Préparer des jolies pluches de cerfeuil, déposer sur une assiette avec un papier absorbant.

DRESSAGE ET FINITION

Tailler à l'emporte-pièce les gésiers de canard préalablement abaissés.
Déposer le disque au centre de l'assiette, puis mettre joliment à l'aide d'une petite pince les radis, l'ail confit, les algues, le fenouil, les herbes et l'aneth. Finir avec un tour de moulin à poivre ainsi qu'un filet d'huile d'olive.

MOULES ET CÈPES

Pour 4 personnes

300 g de moules sauvages
1 oignon
1 échalote
1 gousse d'ail
1 branche de thym
200 g de vin blanc

300 g de cèpes
30 g de beurre demi-sel

Purée de courge
1 courge butternut
30 g de beurre

200 g de courge bleue

QS de vesce
QS de nombril de Vénus

Bouillon de champignons
200 g de parures de champignons
50 g de mélange de champignons séchés
2 échalotes
1 gousse d'ail
100 g de jus de cuisson des moules
30 g de jus de truffe

Divers
sel et fleur de sel de Guérande, poivre du moulin, huile d'olive, sauce huître

L'automne arrive, on troque les tongs pour les bottes, les rochers pour la forêt… j'ai capté l'instant furtif où les odeurs des deux univers sont encore bien présentes dans mon esprit et se mêlent; c'est la magie du changement de saison qui me pousse instinctivement vers d'autres paysages culinaires.

CÈPES
Éplucher les cèpes puis leur couper le pied, garder les parures pour le bouillon de champignons. Tailler la moitié en tranches fines à l'aide d'une mandoline, puis l'autre moitié en jolis morceaux.

PURÉE DE COURGE
Éplucher la courge, enlever les pépins et la tailler en morceaux.
Mettre tous les morceaux de courge dans le bol du Thermomix® sans rien d'autre afin d'obtenir une purée très pure, avec un goût de courge très prononcé.
Cuire 30 minutes/100 °C/vitesse 2, puis, une fois cuit, ajouter l'assaisonnement ainsi que le beurre. Mixer de nouveau une minute à vitesse 10. Réserver.

MOULES
Bien frotter et laver les moules à l'eau froide.
Dans un grand rondeau, faire revenir avec un filet d'huile d'olive, les échalotes ainsi que l'oignon préalablement épluchés puis coupés en morceaux. Faire revenir le tout environ 5 minutes, ajouter le thym puis mouiller avec le vin blanc. Porter à ébullition et incorporer les moules puis couvrir. Enlever les moules au fur et à mesure qu'elles s'ouvrent. Les décortiquer puis filtrer le jus à l'aide d'un chinois.

Éplucher la courge bleue, enlever les pépins, puis la tailler en brunoise.
Remplir une casserole d'eau, saler puis porter à ébullition et cuire la brunoise quelques minutes: elle doit rester légèrement ferme.

BOUILLON DE CHAMPIGNONS
Mettre toutes les parures de champignons, les champignons séchés ainsi que l'échalote et l'ail épluchés et coupés en morceaux dans une casserole.
Ajouter de l'eau, et cuire une heure à frémissement.
Passer au chinois puis faire réduire pendant 20 minutes.
Incorporer le jus de truffe, le jus de cuisson des moules et la sauce huître.
Mélanger puis rectifier l'assaisonnement.

Faire sauter les morceaux de cèpes vivement à la poêle avec du beurre, saler et poivrer.

DRESSAGE ET FINITION
Dresser harmonieusement dans une assiette, mettre une belle quenelle de mousseline de courge, y déposer la courge bleue, arroser d'un filet d'huile d'olive.
Poser délicatement les cèpes crus et cuits, puis mettre les moules. Finir avec le jus autour et les pousses, ajouter un filet d'huile d'olive et une pincée de fleur de sel.

Suggestion: Ajouter d'autres champignons de saison, comme sur la photo, des trompettes-de-la-mort, ou un champignon de Paris cru taillé en fines tranches.

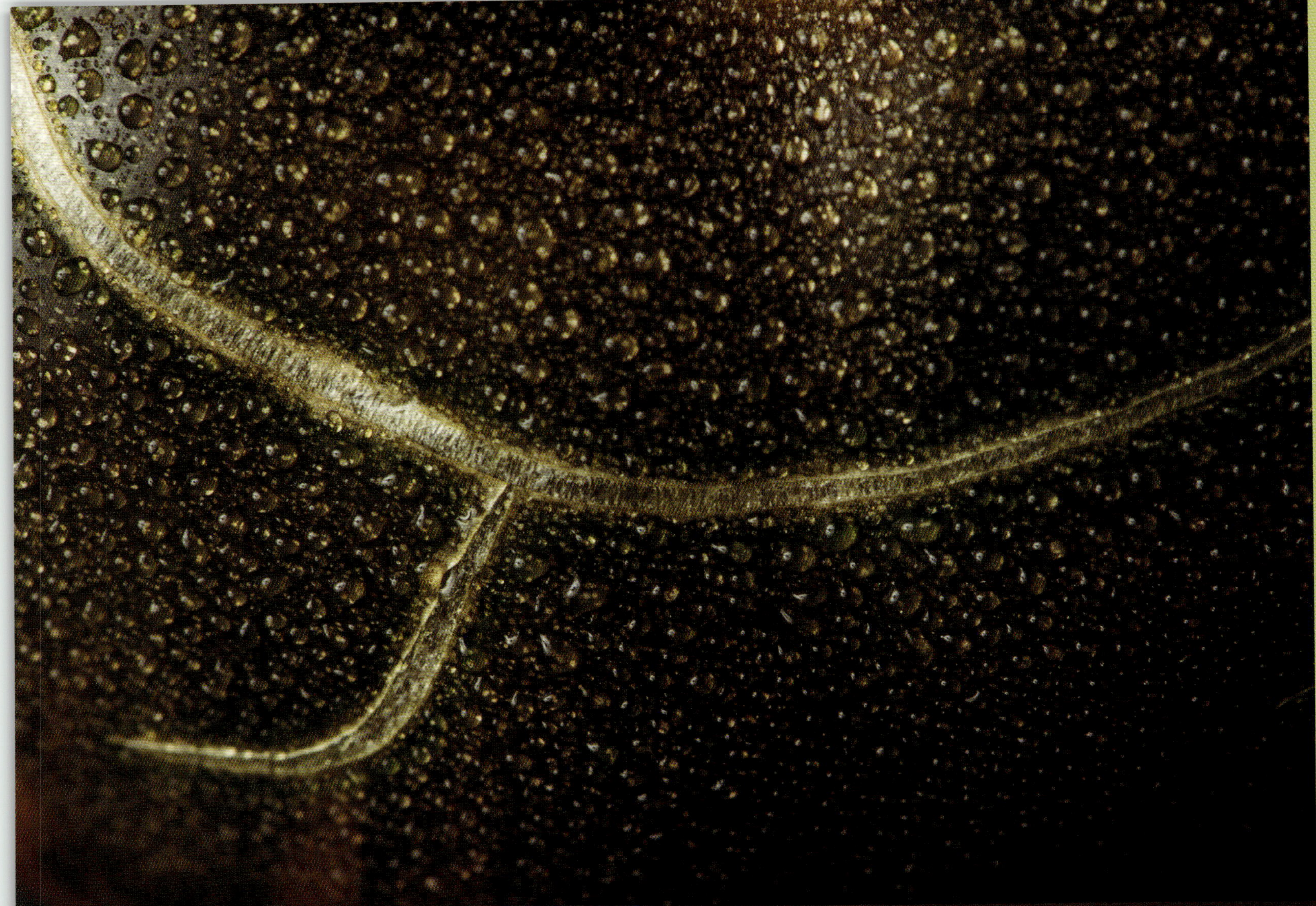

Famille Huitric
maraîchers à Guérande

Sur leur terrain en terre de sel, ils font pousser le grain...

Posée dans le contre-jour de la lumière tombant sur l'océan, vibrant dans l'axe sacré des marais salants, l'exploitation de famille insuffle un véritable état d'esprit à cette plaine fertile et saline suspendue au pieux regard de la collégiale Saint-Aubin-de-Guérande depuis 1927. Faisant foi de cultiver le vivant, parents comme enfants se sentent engagés pour l'environnement sur les 30 hectares du domaine. Dans ce jardin vital, ils font naître pousses et variétés oubliées, creusant sans cesse la biodiversité, recyclant l'eau, utilisant des engrais organiques accompagnés de lâchers d'insectes pour combattre les nuisibles.

Se jouant de l'ondulation des saisons, ils sont riches de nouvelles propositions, rassemblant une multitude d'ingrédients chers à mon inspiration. Collection de courges, micro-pousses à la feuille croquante, tomates multicolores et odorantes... l'offre est variée. Ils n'hésitent pas à semer à ma simple demande, me conservant cette exclusivité précieuse, cheminant ainsi sur le pivot d'une conversation nous transportant dans l'essence même d'une production aussi diversifiée qu'originale, allant de la fleur de courgette à la poire de terre. Ces agriculteurs sont les acteurs incontournables, partenaires de mes paysages imprégnant ma cuisine d'une délicate brise régionale, suspendue au fil précieux de racines bien ancrées dans le sol de notre presqu'île.

Leurs valeurs sont pieuses, riches d'un héritage sacré, mêlant leur passion à l'unisson pour entrer en résonance et offrir le meilleur de chaque saison.

Avec ma baguette magique
Issus de 4 générations, ils transmettent encore et encore leur savoir-faire pour inscrire à perpétuité le nom de Huitric dans le pays guérandais et ainsi continuer à améliorer la vivacité de leur territoire.

LA VIEILLE ET L'ARTICHAUT

Pour 4 personnes

1 vieille de 1 kg

4 tranches de foie gras cru
de 40 g chacune

Purée d'artichaut
4 artichauts camus
1 citron jaune
20 g d'huile d'olive
20 g de fond blanc

Artichaut frit
1 artichaut

Crème d'artichaut
40 g de beurre demi-sel
1 g de poivre noir
2 artichauts
100 g de vin blanc
1 l de fond blanc
200 g de crème

Divers
sel et fleur de sel de Guérande,
huile d'olive, poivre du moulin,
sauce huître, pousses de shiso
ou d'agastache

Mon premier est une pêche durable, mon deuxième c'est tout le savoir-faire et l'amour qu'il faut donner à ce poisson magnifique, trop souvent rejeté par-dessus bord, pour lui donner l'allure d'une reine jusque dans nos assiettes étoilées.

Éplucher le poisson en glissant le couteau entre les écailles et la peau afin de récupérer des bandes d'écailles.
Plonger ces bandelettes dans une saumure faite de 15 % de sel et 85 % d'eau et les laisser tremper pendant 5 à 6 heures, rincer et sécher.
Les faire frire à 160 °C pour qu'elles soufflent, les égoutter et les conserver au sec.

Vider et nettoyer la vieille en prenant soin de retirer toute trace de sang ou de souillure. Lever les filets et les passer au gros sel gris de Guérande pendant 6 à 8 minutes en fonction de leur épaisseur. Rincer, puis sécher et conserver au frais.

PURÉE D'ARTICHAUT
Enlever les plus grandes feuilles d'artichaut et casser le pied, tourner les artichauts à l'aide d'un petit couteau, enlever le foin à l'aide d'une cuillère, puis les frotter avec le citron jaune. Mettre les artichauts dans une poche sous-vide avec le sel et l'huile d'olive, le jus du citron, le fond blanc. Cuire 40 minutes au four vapeur.
Enlever les artichauts de la poche et les mettre dans le bol du Thermomix®, ajouter une cuillère à soupe de sauce huître, assaisonner et mixer 2 minutes à vitesse 10 afin d'obtenir une purée très lisse. Réserver.

Prendre un artichaut préalablement tourné, puis le tailler finement à la mandoline, et le frire une minute à 150 °C. Égoutter, saler et réserver.

CRÈME D'ARTICHAUT
Dans le Thermomix®, faire fondre le beurre, puis ajouter l'oignon et le poivre et laisser cuire 3 minutes à 110 °C en mode mijotage. Mixer.
Tourner les artichauts pour récupérer les fonds, les tailler en quartiers et les mettre dans la cuve. Ajouter le vin blanc, une cuillère à soupe de sauce huître et cuire 10 minutes en mode mijotage à 110 °C.
Ajouter le fond blanc et la crème et cuire à nouveau 20 minutes à 98 °C, puis mixer une minute en vitesse 10.
Passer au chinois étamine, rectifier l'assaisonnement et réserver.

Fariner les tranches de foie gras, puis les cuire dans une poêle chaude une minute de chaque côté, en les arrosant très régulièrement, saler, poivrer. Maintenir au chaud.

Filmer les filets de vieille et les cuire au four vapeur à 50 °C pendant 25 minutes, puis retirer le film, les badigeonner d'huile d'olive à l'aide d'un pinceau, assaisonner et réchauffer sous le gril du four ou la salamandre pendant quelques secondes.

DRESSAGE ET FINITION
Déposer une belle quenelle de purée d'artichaut dans une assiette creuse, puis le filet de poisson, le foie gras poêlé et enfin les écailles soufflées, terminer par la crème d'artichaut et ajouter quelques pousses de shiso ou d'agastache.

L'HUÎTRE NASHI-COURGE

Pour 4 personnes

4 huîtres de Kercabellec Mesquer

1 nashi
15 graines de courge

Crème d'huître-jasmin
20 g de beurre demi-sel
1 échalote
1 piment oiseau séché
2 grains de poivre
200 g de vin blanc
500 g de crème
100 g d'eau d'huître
4 g de fleurs de jasmin

Purée de courge
300 g courge butternut

Pickels de courge
50 g de courge butternut épluchée
30 g de vinaigre de riz
30 g de mirin

Divers
sel et fleur de sel de Guérande, poivre du moulin, huile d'olive, sauce huître, gomme de xanthane, pousses maritimes

Un invité de marque, cette poire-pomme venue d'une tout autre culture dont je raffole, que je viens mêler à nos racines de la terre à la mer, dans un élan de pureté comme le matin d'une première gelée d'automne.

Ouvrir délicatement les huîtres à l'aide d'un couteau. Enlever les huîtres de leurs coquilles sans les abîmer, en récupérant bien leur eau.
Égoutter les huîtres sur un papier absorbant, réserver. Filtrer l'eau des huîtres à l'aide d'un chinois étamine.

CRÈME D'HUÎTRE-JASMIN

Dans une casserole, faire fondre le beurre puis ajouter les échalotes ciselées.
Faire revenir le tout environ 5 minutes, incorporer le poivre, le piment oiseau, déglacer avec le vin blanc.
Porter le mélange à ébullition, ajouter la crème, l'eau des huîtres, les fleurs de jasmin, 1 cuillère à café de sauce huître. Cuire environ 20 minutes à frémissement.
Filtrer, rectifier l'assaisonnement, réserver.

PURÉE DE COURGE

Dans le bol du Thermomix®, mettre la courge butternut, préalablement épluchée et vidée. Cuire 25 minutes/100 °C/vitesse 2. Cette cuisson va permettre à la courge de cuire tout doucement et d'obtenir une bonne concentration des saveurs.
Mixer une minute à vitesse 10, ajouter le sel, le poivre, le jus d'huître, réserver.

À l'aide d'une mandoline, tailler le nashi en fines tranches, les mettre délicatement dans un sachet sous-vide, avec un peu de sel et de poivre, un filet d'huile d'olive.
Cuire à la vapeur 2 minutes puis refroidir directement dans de l'eau avec des glaçons afin de stopper la cuisson.

PICKELS DE COURGE

Dans une casserole, porter à ébullition le vinaigre de riz et le mirin. Tailler de fines tranches de courge, puis à l'aide d'un emporte-pièce (en forme d'oiseau par exemple), les déposer dans un petit récipient. Verser dessus le mélange chaud.

DRESSAGE ET FINITION

Dans une assiette creuse, déposer une belle quenelle de purée de courge, placer dessus l'huître bien égouttée, recouvrir avec les feuilles de nashi. Saler et poivrer, poser le pickel de courge, ajouter quelques pousses de bord de mer, puis verser la crème d'huître-jasmin. Ajouter des graines de courge grillées pour le croustillant.

MULET NOIR, VERT DE POIREAUX, RÉMOULADE D'ASPERGE-MOUTARDE, POIREAUX PRIMEURS BRÛLÉS

Pour 4 personnes

4 morceaux de mulet
de 120 g chacun
4 jeunes poireaux primeurs

Jus vert de poireaux
5 grains de poivre noir
1 grosse échalote
60 g de beurre demi-sel
le vert des poireaux
250 g d'eau gazeuse

Rémoulade d'asperge-moutarde
4 asperges blanches
1 jaune d'œuf
10 g de moutarde
100 g d'huile de pépins de raisin

Divers
sel et fleur de Guérande, huile d'olive,
poivre du moulin, sauce huître,
pousses de moutarde

Toujours responsable, ce poisson sorti des profondeurs de l'océan se marie à merveille avec le poivre naturel du poireau brûlé et la pointe moutardée d'une asperge rémoulade.

POIREAUX
Couper proprement les radicelles des poireaux, bien les laver et les sécher avec un linge propre, puis les frire 3 minutes à 150 °C. Éponger l'excédent d'huile avec un papier absorbant puis saler légèrement.
Enlever les verts de poireaux et bien les laver à l'eau froide, réserver.
Cuire les poireaux 2 minutes à l'eau bouillante salée (environ 10 g de gros sel par litre d'eau). Les refroidir directement, bien les égoutter avec un papier absorbant.
Mettre les poireaux dans un plat, verser un filet d'huile d'olive dessus puis les brûler délicatement au chalumeau (la flamme ne doit pas être trop rapprochée).

JUS VERT DE POIREAUX
Dans la cuve du Thermomix®, laisser fondre le beurre en y ajoutant le poivre et l'échalote coupée dans le sens de la longueur pendant 5 minutes à 110 °C en vitesse 2. Tailler le vert des poireaux grossièrement et l'ajouter dans la cuve avec l'eau gazeuse. Mixer, incorporer une cuillère de jus d'huître, mixer à nouveau généreusement et passer au chinois étamine. Rectifier l'assaisonnement, le jus doit être bien vert.

RÉMOULADE D'ASPERGES
Éplucher les asperges, puis les tailler en fines bandelettes à l'aide d'une mandoline et enfin en julienne.
Réaliser une mayonnaise bien salée et poivrée pour y lier la julienne d'asperge.

CUISSON DU POISSON
Préparer un bain-marie fait de 50 % d'huile d'olive et 50 % de graisse d'oie et le monter à 70 °C. Y plonger les mulets pendant 6 minutes, puis les retirer et les placer sur une assiette filmée pendant 5 minutes et réchauffer sous la salamandre ou sous le gril du four.

DRESSAGE ET FINITION
Dresser harmonieusement dans une assiette creuse. Verser le jus de vert de poireaux, poser le mulet ainsi que la rémoulade d'asperge, le poireau brûlé et les radicelles frites. Finir avec des jolies pousses de moutarde.

LE MONSTRE DANS LA FLEUR

Pour 4 personnes

4 fleurs de courgette

Farce de silure
150 g de chair de silure
15 g de blanc d'œuf
87 g de crème fraîche
22 g de vin blanc réduit
2 g d'aneth
2 g de menthe du marais
1 citron jaune bio

Crème de courgette
300 g de courgette
2 échalotes
300 g de fond blanc
200 g de crème
3 têtes de cardamome verte
1 g de poivre noir de Madagascar
1 g d'anis vert

Gel de fenouil
2 fenouils
agar-agar

16 écrevisses
1 courgette jaune
1 courgette verte

Divers
sel et fleur de sel de Guérande, huile d'olive, poivre du moulin, sauce huître, pousses de fenouil sauvage

Voilà près de 15 ans que je suis engagé pour inscrire le silure à notre patrimoine gastronomique. Aujourd'hui, les choses bougent doucement, pour le bien-être de nos cours d'eau et de ses populations sauvages. Le monstre transformé en fleur, douce et délicate, est un joli pied de nez aux préjugés.

SILURE
Frotter le poisson généreusement avec du gros sel de Guérande afin d'en retirer le mucus. Rincer et sécher. Le vider soigneusement et garnir de papier absorbant, accrocher dans une chambre froide ventilée et laisser sécher pendant 3 jours. Lever les longes de silure, qui ressemblent à du thon.

FLEURS DE COURGETTE
Ôter la courgette de la fleur (la réserver), enlever le pistil. Conserver les fleurs au frais.

FARCE DE SILURE
Dans le bol du Thermomix®, réunir tous les ingrédients. Parer les écrevisses et ajouter les parures dans la farce, râper le zeste du citron, ajouter une cuillère de sauce huître ainsi que l'assaisonnement, mixer une minute à vitesse 7 pour obtenir une farce bien lisse (si besoin passer au tamis). Débarrasser dans une poche à pâtisserie et farcir délicatement les fleurs de courgette sans les déchirer.
Dans le Thermomix®, réaliser une infusion d'herbes du jardin et porter à ébullition. Cuire les fleurs dans le Varoma® pendant 8 minutes en vitesse 2.

CRÈME DE COURGETTE
Dans le bol du Thermomix®, mettre un filet d'huile d'olive et les échalotes épluchées et taillées en 2, cuire à 95 °C pendant 5 minutes. Ajouter la courgette, les queues des fleurs de courgette et mouiller au fond blanc. Ajouter les épices et porter à frémissement. Mixer 20 secondes à vitesse 10. Incorporer la crème et la sauce huître et porter une fois encore à frémissement à 98 °C. Mixer 30 secondes à vitesse 10, vérifier l'assaisonnement, passer au chinois et conserver au frais.

ÉCREVISSES
Châtrer les écrevisses en enlevant le boyau qui se situe entre les deux nageoires de la queue, puis les cuire 6 minutes à la vapeur. Les refroidir directement pour arrêter la cuisson, les décortiquer immédiatement, réserver au frais.

GEL DE FENOUIL
Couper le fenouil en morceaux et le passer à l'extracteur pour récupérer le jus. Le peser puis le mettre dans une casserole et porter à ébullition, ajouter l'agar-agar (2 g d'agar-agar pour 200 g de jus) et cuire 2 minutes. Réserver. Mixer afin d'obtenir un gel puis le débarrasser dans une pipette.
Tailler une courgette jaune et une courgette verte en bâtonnets et les blanchir rapidement. Tailler une queue de fleur de courgette en rondelles.

DRESSAGE ET FINITION
Verser un peu de crème de courgette dans le fond de l'assiette, faire un petit nid avec les bâtonnets verts et jaunes de courgette, puis poser la fleur au centre. Disposer les rondelles de queue de courgette sur le dessus et faire un point de gel de fenouil. Ajouter une écrevisse et quelques pousses de fenouil sauvage.

CUEILLETTE ESTIVALE, TOMATES DE COLLECTION GUÉRANDAISES ET COQUES DU CROISIC TRIÉES À LA MAIN

Pour 4 personnes

Eau de tomate à la verveine
6 tomates
20 feuilles de verveine
1 pincée de poivre noir
1 l d'eau gazeuse
balsamique blanc

Concassé de tomates
1 kg de tomates Cœur-de-Bœuf
1 gousse d'ail

Pétales de tomates anciennes
1 tomate Green Zebra
1 tomate ananas
1 tomate Noire de Crimée

Tomates confites
8 tomates cerises Cœur-de-Pigeon
thym
romarin
20 g de sucre
2 gousses d'ail

16 grosses coques du Croisic

100 g de melon d'eau
15 g de graines de tournesol

Divers
sel et fleur de sel de Guérande,
huile d'olive, poivre du moulin,
sauce huître, pousses de saison

Toute la fraîcheur d'une assiette estivale: la verveine odorante, l'acidulé des tomates accompagnent si bien ces bonbons marins récoltés précieusement sur nos côtes.

EAU DE TOMATE À LA VERVEINE
Dans le Thermomix®, réunir tous les ingrédients et porter à ébullition.
Mixer, puis laisser infuser une heure. Filtrer à travers un linge au frais pendant toute une nuit et rectifier l'assaisonnement.

CONCASSÉ DE TOMATES
Émonder les tomates, faire une légère incision dans la peau avec la pointe d'un couteau, les plonger dans de l'eau bouillante salée quelques secondes, puis dans l'eau glacée et retirer la peau. Tailler en brunoise.
Saisir cette brunoise dans une poêle bien chaude avec de l'huile d'olive et la gousse d'ail. Égoutter à l'aide d'une passoire. Rectifier l'assaisonnement.

PÉTALES DE TOMATES ANCIENNES
Émonder les tomates anciennes dans de l'eau bouillante, puis refroidir.
Enlever la peau, tailler des quartiers et enlever les pépins.
Tailler de jolis pétales et les conserver dans l'huile d'olive.

TOMATES CONFITES
Sur une plaque allant au four, mettre les tomates, le thym, le romarin, le sucre, l'ail, sel et poivre. Enfourner toute une nuit à 70 °C. Récupérer l'eau de tomate et l'ajouter à l'eau de tomate réalisée à la première étape. Conserver au frais.

COQUES
Dans une petite casserole, mettre un fond d'eau, ajouter une belle branche de verveine et porter à frémissement. Plonger les coques par lot de dix et les ressortir à mesure qu'elles s'ouvrent à l'aide d'une pince. Les retirer de la coquille.
Conserver dans l'eau de cuisson au frais.

Éplucher le melon et, à l'aide de la mandoline, tailler des tranches très fines.
Former de jolis petits rouleaux.

DRESSAGE ET FINITION
Dans une assiette creuse, garnir un emporte-pièce de concassé de tomates et l'envelopper avec les pétales de tomates anciennes pour former une fleur.
Au centre, disposer harmonieusement les rouleaux de melon et les coques et terminer en ajoutant quelques graines de tournesol décortiquées et des pousses de saison. Arroser d'eau de tomate et verser quelques gouttes d'huile d'olive.

LOTTE RÔTIE, OURSIN, POMME DE TERRE FUMÉE

Pour 4 personnes

4 portions de queue de lotte
de 130 g chacune

2 oursins

Salmis d'oursin
2 échalotes
1 gousse d'ail
2 g de poivre noir
1 l de fond brun
(ou 10 g de fond brun déshydraté)
200 g de vin blanc
l'intérieur des oursins
70 g de beurre

Fenouil cuit et cru
2 fenouils

Purée de pommes de terre fumées
500 g de pommes de terre
80 g d'huile d'olive
200 g de gros sel

QS d'obione

Divers
sel et fleur de sel de Guérande,
huile d'olive, poivre du moulin,
sauce huître

Une réunion de caractère pour ce poisson caramélisé, souligné d'un condiment iodé et accompagné de la tourbe fumée du marais.

OURSINS

Ouvrir les oursins aux ciseaux et récupérer les langues.
Conserver le jus et tout le reste pour le salmis.

SALMIS D'OURSIN

Dans un rondeau avec un filet d'huile d'olive, faire revenir les échalotes préalablement épluchées, ainsi que le poivre et l'ail. Ajouter l'intérieur des oursins, puis déglacer avec le vin blanc et laisser cuire 3 minutes. Mouiller avec le fond brun, ajouter une cuillère à soupe de sauce huître, puis mouiller avec le fond blanc.
Cuire 1h30. Passer au chinois, rectifier l'assaisonnement et monter la sauce au beurre.

FENOUIL

Tailler le fenouil à la mandoline pour obtenir de fins pétales, réserver dans l'eau glacée. Tailler les parures en brunoise, puis les cuire dans un bouillon en les conservant légèrement croquantes.

PURÉE DE POMMES DE TERRE

Préchauffer le four à 170 °C.
Mettre les pommes de terre entières dans un plat sur un lit de gros sel et les enfourner pendant 1 heure. Récupérer la chair et la mettre à fumer avec de la tourbe* et de la sciure pendant 2 heures.
Ajouter l'huile d'olive ainsi que l'assaisonnement, 2 cuillères de sauce huître, puis bien mélanger à la main afin d'obtenir un écrasé très parfumé.

LOTTE

Nettoyer les filets de lotte de toute impureté. Les enrober dans du gros sel de Guérande, réserver 8 minutes, rincer et sécher.
Les cuire sous vide à 52 °C pendant 25 minutes, terminer au beurre noisette à la poêle en arrosant généreusement. Assaisonner.

DRESSAGE ET FINITION

Faire une quenelle avec la pomme de terre fumée, déposer harmonieusement les médaillons de lotte glacés au beurre, ajouter sur le poisson les langues d'oursin et les pousses de fenouil, assaisonnées huile d'olive.
Dans le fond, ajouter un peu de brunoise de fenouil et verser la sauce salmis bien chaude par-dessus. Terminer par quelques pousses d'obione.

*La tourbe est une sous-couche de notre terre en Brière qui se forme avec la décomposition du végétal pendant des milliers d'années. Historiquement, la tourbe était un combustible, l'or noir, qui permettait aux Briérons de faire du commerce. Son goût acide et légèrement piquant se retrouve dans les whiskys tourbés.

MULET DE LA VILAINE EN MIGRATION

Pour 4 personnes

1 mulet de la Vilaine
100 g de sel fin
70 g de sucre

100 g de foie gras cru congelé

Caviar d'aubergine à l'ail noir
2 aubergines
2 gousses d'ail noir

Chips d'aubergine
1 aubergine

Essence de poisson
1 kg d'arêtes de poisson
4 gousses d'ail
2 échalotes
2 g de poivre noir
mélange d'herbes aromatiques: menthe, origan, mélisse, thym
2 l d'eau

30 g de roquette
fleurs de mauve

Divers
sel et fleur de sel de Guérande, poivre du moulin, huile d'olive, sauce huître

Ce plat est né de ma rencontre avec Didier, le pêcheur en Vilaine, qui toutes les nuits traque le mulet, un autre oublié de nos tables gastronomiques, remontant le fleuve pendant la grande migration. Une pêche durable, une pointe de foie gras, oui mais de région, et le tour est joué.

MULET

Écailler le poisson, le vider, puis bien le nettoyer sous l'eau froide. Lever les filets, enlever les arêtes ainsi que la peau. Mélanger le sel et le sucre, puis en enduire les filets. Laisser mariner 2 heures.
Rincer les filets à l'eau froide, bien les sécher, puis tailler des bâtonnets dans la largeur du filet en prenant soin de retirer les parties les plus sombres. Réserver.

COPEAUX DE FOIE GRAS

Tailler le lobe de foie gras en copeaux à l'aide d'une mandoline et les conserver au congélateur.

CAVIAR D'AUBERGINE

Préchauffer le four à 180 °C.
Tailler les aubergines en 2, puis les quadriller à l'aide d'un couteau d'office.
Arroser d'huile d'olive, saler, poivrer et cuire 1h30 à 180 °C.
Enlever la peau des aubergines, puis dessécher la chair dans une casserole à feu doux environ 5 minutes en remuant très régulièrement.
Mettre la chair dans le bol du Thermomix® en ajoutant l'ail noir, une cuillère de sauce huître. Mixer une minute à vitesse 6, rectifier l'assaisonnement.

CHIPS D'AUBERGINE

Tailler l'aubergine en tranches de 3 mm, les passer dans la maïzena puis les frire dans un bain d'huile à 150 °C, égoutter, saler et conserver au sec.

ESSENCE DE POISSON

Bien nettoyer les arêtes de poisson sous un filet d'eau froide, puis les sécher.
Dans un grand rondeau, faire chauffer un filet d'huile d'olive. Quand l'huile d'olive fume, ajouter les arêtes de poisson. Ne pas remuer pendant 5 minutes afin que les arêtes ne rendent pas d'eau et colorent.
Incorporer l'ail, puis les échalotes coupées en gros morceaux, puis le poivre ainsi que les herbes aromatiques. Mélanger bien le tout, puis mouiller à l'eau à hauteur.
Cuire jusqu'à demi-glace*, passer au chinois étamine et réserver.

DRESSAGE ET FINITION

Dresser harmonieusement dans une assiette plate. Poser les tronçons de mulet juste lustrés par un filet d'huile d'olive, faire des petites quenelles de caviar d'aubergine, parsemer l'assiette de copeaux de foie gras. Finir avec l'essence de poisson ainsi que la roquette et la mauve puis les chips d'aubergine.

* diminuer le volume d'un liquide par évaporation jusqu'à liaison.

CHEVREUIL EN ÉCLAT D'AUTOMNE

Pour 4 personnes

600 g de filet mignon
de chevreuil français

Jus de chevreuil
500 g de carcasse de chevreuil
à demander à votre boucher
2 échalotes
2 gousses d'ail
1 oignon
3 g de poivre des cimes
1 piment oiseau
1,5 l de fond brun
(ou 40 g de fond brun déshydraté)
100 g de vin blanc
1,5 l d'eau
50 g de beurre

Purée de courge
1 courge butternut
30 g de beurre demi-sel

Palets de courge butternut
200 g de courge butternut
80 g de beurre
150 g de fond blanc

Chanterelles
50 g de chanterelles
20 g de beurre demi-sel
50 g de noisettes torréfiées
1 échalote
3 g de ciboulette
20 g de graines de courge

Divers
sel et fleur de sel de Guérande,
huile d'olive, poivre du moulin,
sauce huître

Instant figé, vision matinale, la bête est sortie de la forêt pour mon plus grand bonheur de photographe amateur.

JUS DE CHEVREUIL
Saisir les carcasses de chevreuil à feu vif avec un filet d'huile d'olive jusqu'à obtention d'une belle coloration. Incorporer l'ail, l'oignon et les échalotes. Déglacer avec le vin blanc, puis ajouter les épices et le fond brun (si vous utilisez du fond brun déshydraté, ajoutez-le avec l'ail et les échalotes, laissez-le torréfier quelques minutes en remuant, puis déglacer au vin blanc et mouiller avec 1 litre et demi d'eau).
Cuire 1h30 à frémissement.
Passer la sauce au chinois étamine et réduire jusqu'à l'obtention de la texture souhaitée, puis monter au beurre et rectifier l'assaisonnement si besoin.

PURÉE DE COURGE
Éplucher la courge, enlever les pépins et la tailler en morceaux. Mettre tous les morceaux de courge dans le bol du Thermomix®, sans rien d'autre, afin d'obtenir une purée très pure, avec un goût de courge très prononcé.
Cuire 30 minutes/100 °C/vitesse 2. Ajouter le beurre demi-sel, mixer une minute à vitesse 10 et vérifier l'assaisonnement.

PALETS DE COURGE
Tailler des tranches de courge d'une épaisseur de 2 à 3 cm, puis des cercles de 6 cm de diamètre à l'aide d'un emporte-pièce.
Monter le fond blanc au beurre et cuire les palets de courge en les conservant légèrement croquants.

CHANTERELLES
Ciseler très finement la ciboulette et l'échalote. Concasser grossièrement les noisettes au couteau. Dans une poêle bien chaude, laisser fondre le beurre puis faire sauter les champignons rapidement. Saler, poivrer, ajouter les noisettes, la ciboulette et l'échalote.

DRESSAGE ET FINITION
Saisir les noisettes de chevreuil à la poêle avec un filet d'huile d'olive. Laisser reposer.
Préparer les garnitures, puis enrober les noisettes de chevreuil dans le beurre mousseux. Dresser la purée de courge, puis déposer la viande, le palet de courge et les champignons.
Agrémenter de noisettes hachées et de graines de courge, servir avec la sauce.

GYOZA DE LIÈVRE MITONNÉ EN ESCABÈCHE, LA COLLECTION DE COURGES DE GUÉRANDE

Pour 4 personnes

Préparation: 12 heures

1 pomelo
10 noisettes torréfiées

Farce de lièvre
4 épaules de lièvre
2 branches de romarin
2 gousses d'ail
10 baies de genièvre
10 grains de poivre noir
1 feuille de laurier
1 l d'huile d'olive
1 échalote
3 brins de ciboulette
8 feuilles de pâte à gyoza

Jus de lièvre
150 g de parures de viande
8 grains de poivre long de Java
2 échalotes
5 cardamomes vertes
2 clous de girofle
1 l de bouillon de volaille
30 g de vinaigre de kanisu
80 g d'huile de cuisson du lièvre
le jus de deux citrons verts
20 g de vinaigre riz
le jus d'un pomelo

Purée de courge
400 g de courges butternut
30 g de beurre demi-sel

Divers
sel et fleur de sel de Guérande, gros sel, huile d'olive, poivre du moulin, beurre demi-sel, sauce huître, gomme de xanthane, pousses de vesce

J'aime travailler le gibier, une autre de mes passions, dans la fraîcheur et la modernité, loin des marinades au vin rouge indigestes, pour vous apprendre à le redécouvrir.

FARCE DE LIÈVRE

La veille: Mettre les épaules de lièvre à mariner dans un plat avec le romarin, les gousses d'ail écrasées, le genièvre, le poivre, et un peu de gros sel. Recouvrir avec l'huile d'olive, couvrir d'un film alimentaire et laisser mariner 12 heures.
Cuire dans une casserole à feu doux pendant 5 heures.
Filtrer l'huile de cuisson et la réserver pour une autre utilisation.
Récupérer les épaules de lièvre et les décortiquer. Enlever soigneusement la chair sans laisser de petits morceaux d'os. Mettre la chair dans la cuve d'un robot, incorporer une cuillère de sauce huître, la ciboulette et l'échalote ciselées finement. Mélanger avec la feuille du robot 4 minutes doucement. La chair doit s'effilocher comme une rillette. Ajouter 100 g d'huile de cuisson du lièvre et rectifier l'assaisonnement.

Le montage du gyoza est très simple. Mettre la pâte à gyoza sur le bout de vos doigts, humidifier légèrement la pâte et déposer au milieu environ 15 g de farce de lièvre. Refermer en vous aidant de l'autre main et faire des petits plis avec le pouce et l'index. Réserver.

Peler à vif le pomelo, et détacher de jolis suprêmes.

JUS DE LIÈVRE

Saisir les os de lièvre et les parures avec un filet d'huile d'olive, ajouter le poivre, la cardamome et les échalotes. Faire revenir quelques instants, déglacer au vinaigre de kanisu et mouiller avec le bouillon de volaille. Cuire environ 1h30.
Passer la sauce au chinois, ajouter 80 g d'huile de cuisson du lièvre, le jus de citron et une pointe de xanthane. Mixer le tout, rectifier l'assaisonnement en ajoutant le vinaigre de riz et le jus de pomelo.

PURÉE DE COURGE

Éplucher la courge, enlever les pépins et la tailler en deux.
Mettre une moitié de courge en morceaux dans le bol du Thermomix®, sans rien d'autre, afin d'obtenir une purée très pure, avec un goût de courge très prononcé.
Cuire 30 minutes/100 °C/vitesse 2. Ajouter le beurre demi-sel, mixer une minute à vitesse 10 et vérifier l'assaisonnement.
Avec l'autre moitié de la courge, faire des spaghettis à l'aide d'une machine ou simplement à la mandoline et tailler au couteau comme une julienne.

DRESSAGE ET FINITION

Saisir les gyozas dans une poêle avec un filet d'huile d'olive, afin de les colorer sur les deux faces, puis finir la cuisson à la vapeur 6 minutes dans le Varoma®.
Assaisonner les spaghettis de courge avec un trait d'huile d'olive, du sel et du poivre du moulin. Dresser le tout harmonieusement dans les assiettes. Ajouter les noisettes concassées, les suprêmes de pomelo et quelques pousses de vesce.

Lionel et Françoise Charteau
paludiers à Guérande

Ils maîtrisent la puissance de la mer et façonnent quelques diamants éphémères…

Lionel est né en Vendée, non loin des Sables-d'Olonne. Ses parents, agriculteurs, élèvent des vaches et défendent déjà les circuits courts. La voie est toute tracée pour le jeune homme aux portes de l'adolescence, qui s'oriente tout naturellement vers un lycée agricole. Mais les bêtes à cornes l'ennuient profondément et il n'imagine pas une seconde passer sa vie à leur côté. Formateur à la Chambre d'agriculture de Loire-Atlantique, c'est en 1993 qu'il est envoyé en mission sur la côte jusqu'à la Coopérative saline de Guérande. Lionel est aussitôt séduit par ce jeu de miroirs qui renvoient la lumière divine. À l'inverse, sa rencontre avec la communauté de sauniers le déroute, ces hommes semblent vivre en marge de la société, à l'image de ceux croisés sur les salines de son enfance. Il les voyait alors un peu comme des résistants d'un autre temps: « Gamin, sur la côte vendéenne, j'allais jouer dans les salines avec les copains. Pour nous, c'était un peu comme aller au musée. »

Deux ans plus tard, lorsqu'il revient sur le marais guérandais, il tombe des nues en découvrant une corporation en pleine expansion, drainant des hommes et des femmes porteurs de véritables projets de vie. La fleur de sel est devenue un produit haut de gamme dans la cuisine française. Lionel a 28 ans, un sérieux besoin de liberté dans sa besace et cet épisode le marque profondément. Il se rapproche alors de sa commune d'origine qui cherche des paludiers pour relancer le marais.

Mais son dossier n'est pas accepté. Vexé, il retourne à Guérande, où il se lance dans une formation de 14 mois, dont 6 mois de stage à l'ancienne sur le terrain. Il y apprend une discipline de fer, au travers de laquelle on lui transmet l'amour et la sagesse, la rigueur et l'ordre, pour qu'enfin, en totale harmonie avec les dieux du vent et du soleil, il puisse à son tour dessiner au rythme des marées et des cloches du bourg de Batz, les petits carrés blancs, alchimie du paysage où demain viendront éclore les mulons*.

En 1997, il intègre la coopérative et lance sa première production. L'hiver, il sculpte l'argile et la glaise, préparant ainsi la circulation horizontale de l'eau, utile pour composer demain avec les trois éléments, pluie, vent et soleil, pour permettre de rendre l'onde douce aux nuages, et récolter la lousse** à la main. Oh miracle, le sel de la vie! L'été arrive enfin sous une météo clémente, le jeune homme serein, au grand air iodé, découvre le chardon et la salicorne, l'aigrette et l'avocette, écoute le chant mélodieux de l'alouette, tout va bien. Lionel ne quitte plus la saline, ne comptant pas ses heures.

Mais les années se suivent et ne se ressemblent pas. La saison suivante, l'*Erika* fait naufrage au large des côtes bretonnes, venant souiller à l'encre noire le tableau idyllique du jeune paludier. La coopérative se charge de tout, mais l'homme est atteint dans son cœur et se referme sur ses états d'âme.

* Petits tas de sel en forme de meules.
** Outil servant à récolter la fleur de sel.

Un an passe, Lionel a décidé de devenir acteur et entre au conseil d'administration de la coopérative. C'est alors qu'il rencontre Françoise, la responsable des achats. Ces deux-là s'entendent à merveille, et ont très vite soif d'indépendance. Ensemble, ils vont décider d'un tout autre chemin de vie. C'est risqué, mais ils en sont certains, ça vaut le coup d'essayer!
Profitant d'un voyage à Brest chez sa belle-famille, Lionel tente sa chance, il fait du porte à porte chez les restaurateurs de la ville, vantant les bienfaits de sa fleur de sel, cet ingrédient naturel qui ajuste les saveurs. Bingo! Le manque de culture est évident face à la moue de certains chefs, ou à la fleur de sel de Camargue, agitée fièrement.

De retour en Loire-Atlantique, ils découvrent le guide de Tables et Saveurs de Bretagne, 40 chefs étoilés qui mettent en avant la richesse du territoire. Les Charteau viennent de dénicher leur bible, et se lancent dans un tour complet des restaurants, se servant de ce sésame comme d'un laissez-passer.
C'est bien plus tard qu'ils vont franchir la porte de *La Mare aux Oiseaux*, estimant que ma proximité avec le marais salant ne laissait pas pressentir un besoin urgent. Effectivement, je suis client de la coopérative depuis mon installation en 1995, mais la démarche individuelle et somme toute passionnée me touche, je les invite à mon tour à revenir en Brière quelques semaines plus tard. J'y organise le rendez-vous de notre association Générations C, qui rassemble 60 jeunes chefs de ma génération et de tous les coins de France.

Le monde s'ouvre soudain, Lionel se sert du réseau, organise les livraisons à Paris et dans tout l'Ouest de la France où sa fleur de sel trône sur la plupart des belles tables. Tissant sa toile, son carnet d'adresses se couvre de noms prestigieux, ou qui vont le devenir: Michel Bras, Michel Troisgros, Lionel Lévy, Arnaud Lallemant, ou encore Christophe Aribert. Françoise quitte à son tour la coopérative, c'est la naissance de la maison Charteau.

Cette rencontre m'inspire et le sel devient l'ingrédient magique, le diamant régional. Je mets la fleur de Guérande en avant à chaque apparition médiatique, chaque recette, demandant même à Lionel de transformer le gros sel gris en sel fin. Allant jusqu'au bout de ma démarche, je change mes gestes de cuisinier. Aujourd'hui, je masse délicatement le produit pour faire face à la légère humidité persistante de ce nouveau sel.
Avec les Charteau, la relation s'installe, tous les trois nous trouvons la granulométrie idéale pour les chefs de cuisine, allant jusqu'à trier les cristaux à la main afin d'atteindre la qualité qu'ils s'imposent. La fleur de sel devient un élément indissociable de ma gourmandise. Celle de la famille Charteau reste pour moi reconnaissable entre toutes et je la picore depuis à longueur de services.

Quand je leur demande leurs valeurs, c'est en chœur qu'ils me répondent: « la vérité, c'est le travail, la qualité de notre produit avant tout, c'est vrai qu'on ne se soucie pas de l'emballage. ».
Des rêves, oui, ils en ont encore, et si hier ils lançaient haut et fort: « On aura réussi le jour où les clients nous appelleront pour commander le sel », aujourd'hui ils espèrent arriver jusqu'à la retraite sereinement et sans trop se briser au contact des éléments, pour transmettre leur savoir et leur histoire.

Avec ma baguette magique
Ils arrêtent la mondialisation, passent tout en circuit court pour revenir à de véritables valeurs humaines.
(Alors que j'écris ces quelques lignes en plein confinement du covid-19, ces mots ont une certaine résonance...)

QUALITY

NAGE DE COQUILLES SAINT-JACQUES AU CRESSON, LÉGUMES RACINE ET CAVIAR VÉGÉTAL

Pour 4 personnes

8 coquilles Saint-Jacques

Nage de Saint-Jacques
bardes de Saint-Jacques
2 échalotes
0,5 l de vin blanc
12 grains de poivre de Penja
100 g de beurre demi-sel
1 l de bouillon de volaille
0,5 l de crème

Huile de cresson
1 botte de cresson
300 g d'huile de pépins de raisin
5 grains de poivre noir
de Madagascar

1 panais
2 topinambours
200 g de fond blanc
80 g de beurre

100 g de kochia (*Bassia scoparia trichophylla*, caviar végétal)
1 citron vert

QS de pousses de cresson

Divers
sel et fleur de sel de Guérande,
huile d'olive, poivre du moulin,
sauce huître

Dans notre région, la neige nous manque l'hiver; ce plat me ramène vers les quelques rares années où le marais fut recouvert d'un bateau blanc tacheté de quelques touches végétales pour nous offrir un magnifique tableau de saison.

NAGE DE SAINT-JACQUES

Préparer les noix de Saint-Jacques et conserver les bardes.
Bien nettoyer les bardes, retirer la partie noire et les rincer plusieurs fois sous l'eau froide, bien les sécher. Dans une casserole, saisir fortement les bardes sans les remuer pendant 2 à 3 minutes.
Ajouter les échalotes émincées, le poivre de Penja et déglacer avec le vin blanc, mouiller avec le bouillon de volaille et laisser cuire 1h30.
Passer au chinois étamine, puis ajouter la crème, une cuillère de sauce huître, monter au beurre, et rectifier l'assaisonnement.

HUILE DE CRESSON

Réunir tous les ingrédients dans le bol du Thermomix®, monter à 60 °C, puis mixer à vitesse 10. Laisser refroidir et passer l'huile au chinois étamine.

LÉGUMES RACINE

Éplucher et tailler le panais et les topinambours.
Dans une casserole, faire chauffer le fond blanc, puis le monter au beurre.
Incorporer une cuillère de sauce huître, cuire les légumes dans le mélange en les conservant légèrement fermes. Saler, poivrer.

Dans un petit cul-de-poule, mettre le caviar végétal, zester le citron vert puis presser le jus. Saler, poivrer, ajouter un filet d'huile d'olive.

DRESSAGE ET FINITION

Snacker les noix de Saint-Jacques dans une poêle avec un filet d'huile d'olive.
Dans le fond de l'assiette, déposer les Saint-Jacques, disposer les légumes, puis la nage de Saint-Jacques, finir avec le kochia, quelques gouttes d'huile de cresson et quelques pousses de cresson.

GRUÉ DE CACAO EN NUAGE, CHOCOLAT JIVARA ANISÉ ET SORBET AUX GRAINS DE PASSION

Pour environ 6 assiettes

Crémeux badiane
165 g de lait entier
165 g de crème liquide
7 g d'étoile de badiane
32 g de sucre
80 g de jaunes d'œuf
135 g de chocolat lacté
1,5 feuille gélatine
100 g de beurre doux

Sablé noisette
40 g de farine T55
50 g de poudre de noisette
40 g de sucre cassonade
40 g de beurre doux
1 g de sel fin

Grué caramélisé
75 g de sucre
10 g de sucre inverti
30 g d'eau
60 g de grué « usagé » séché
(voir ci-dessous « espuma grué »)

Espuma grué
400 g de lait entier
400 g de crème liquide
75 g de sucre semoule
75 g de grué de cacao
6 g de feuilles de gélatine

CRÉMEUX BADIANE

Porter à frémissement le lait et la crème, ajouter l'étoile de badiane.
Filmer et laisser infuser 20 minutes. Chinoiser l'infusion.
Peser de nouveau et compléter en lait et en crème à 330 g.
Réaliser une crème anglaise à 83,5 °C. Débarrasser.
Ajouter la gélatine bien essorée. Mixer puis chinoiser.
Réaliser une émulsion avec le chocolat à la maryse. Mixer au mixeur plongeant sans incorporer d'air pour parfaire l'émulsion. Ajouter en une fois le beurre en morceaux à 40 °C puis mixer jusqu'à dissolution du beurre. Passer au chinois, filmer au contact et laisser cristalliser au frais durant 24 heures.

SABLÉ NOISETTE

Préchauffer le four à 160 °C.
Dans un robot muni de la feuille, mélanger tous les ingrédients jusqu'à obtention d'une pâte homogène. Émietter sur une plaque garnie d'une feuille de cuisson en silicone. Cuire directement au four durant 15/20 minutes jusqu'à coloration.

GRUÉ CARAMÉLISÉ

Porter à ébullition tous les ingrédients. Mélanger et passer au chinois. Bien égoutter, puis étaler sur toute la surface d'une plaque garnie d'une feuille de cuisson en silicone. Torréfier à 150 °C durant 20 minutes.
Débarrasser dans un cul-de-poule en métal large et refroidir en frictionnant le grué entre les mains.
Stocker en boîte hermétique au sec.

ESPUMA GRUÉ

Torréfier le grué de cacao 15 minutes à 160 °C sur une plaque.
Porter à frémissement le lait et la crème ensemble.
Ajouter le grué torréfié et laisser infuser 30 minutes.

Pendant ce temps, mettre à gonfler la gélatine dans de l'eau glacée.
Peser le sucre.
Chinoiser l'infusion (conserver le grué de cacao pour le grué caramélisé).
Peser de nouveau et compléter en lait et en crème à 700 g.
Vérifier que l'infusion est bien chaude.
Ajouter le sucre et la gélatine gonflée et égouttée. Mixer et réserver.

Sorbet passion
500 g de jus de passion frais
(soit environ 10-12 fruits)
145 g d'eau
75 g de sucre
45 g de glucose atomisé (déshydraté)
3 g de super neutrose

Décor
chocolat noir
poudre de badiane
fruit de la passion frais

SORBET PASSION
Couper les fruits de la passion et récupérer la pulpe et le jus.
Mixer le jus et les grains ensemble finement au Thermomix®.
Chinoiser et fouler le jus (chinoiser en exprimant fortement le jus à l'aide d'une cuillère).

Pour le sirop:
Chauffer l'eau à 40 °C.
Hors du feu, ajouter les poudres mélangées (sucre, glucose, super neutrose).
Chauffer à 83 °C.
Débarrasser, filmer au contact et laisser maturer au frais durant 24 heures.

Après maturation:
Mixer ensemble le sirop et le jus de fruit de la passion.
Turbiner et conserver en bac congélation.

DÉCOR
Tempérer le chocolat, l'étaler le plus finement possible entre deux feuilles guitare puis tailler à l'aide d'un emporte-pièce des disques d'environ 12 cm.
Laisser cristalliser 6 heures.

DRESSAGE À L'ASSIETTE
Dans une assiette creuse, pocher à plat au centre de l'assiette le crémeux badiane.
Recouvrir avec quelques éclats de sablé et une cuillère à soupe de pulpe de fruit de la passion.
Pocher le sorbet passion puis recouvrir le tout d'espuma au grué.
Parsemer de grué caramélisé puis poser le disque de chocolat noir.
Terminer en parsemant de poudre de badiane.

Cédrix Crespel

peintre, plasticien, musicien, à Guérande

Raffiné, racé, il arbore la posture noble de l'artiste absolu.

Cédrix voit le jour à Colmar en — déjà un signe, si je fais le lien avec la ville de mes grands-parents — et tout comme pour moi à Toulouse, il n'y reste que ces trois premières années, pas assez pour être animé d'une réelle identité alsacienne. Toutefois, de cette naissance, il hérite — à l'état civil — d'un X épinglé à l'extrémité est de son prénom. Une petite coquetterie qui restera inaperçue dans le giron familial jusqu'à ses 20 ans quand il décide de faire son passeport.
Soit! Ce sera donc Cédrix. Et à ce jour, je me demande si ce petit plus n'a pas dirigé son œuvre, mais ça n'est que ma vision des choses.

Son enfance est heureuse et sans vague, ou presque! Le jeune garçon occupe son temps libre sur la plage de la Govelle, jamais bien loin de sa planche de surf.
Seule Typhaine détourne son chemin, il a 18 ans et ils deviennent inséparables. Tels Bonnie and Clyde, elle est sa muse, son âme sœur.

S'il se souvient que gamin ses dessins ont fait deux fois la une du journal local de Batz-sur-mer, sorti du hobby, il ne ressent pas spécialement de vocation artistique; alors, orienté par l'emprise familiale, il entame un bac de mécanique en ingénierie.
Dès son premier stage, son talent pour le dessin est remarqué par son employeur qui le tire vers le haut en lui confiant de jolis dossiers, ce qui le conforte dans sa voie et lui donne confiance en lui. L'aventure aussi créative qu'esthétique le propulse et le comble jusqu'au diagnostic soudain d'une affection, cousine de la maladie de Crohn, qui le contraint à démissionner.

Face à lui-même, le miroir lui renvoie l'image éloquente du Père. Cet homme, fils d'agriculteur, parti de rien, qui à force de courage et surtout de détermination, devient pilote de rallye automobile. Dans l'instant, il comprend qu'il faut savoir donner pour recevoir, que la vie peut être remaniée à volonté avec l'engagement exigé pour gagner sa liberté! C'est décidé, il va s'en sortir! Oui mais voilà, il n'a que 21 ans, que va-t-il faire? Avec Typhaine, ils achètent un vieux hangar délabré et se mettent à leur compte.

Il s'oriente alors vers la gainerie d'art, et apprend la technique du galuchat qu'il applique sur du cuir. Il imagine et usine, Typhaine de son côté gère la boutique. Au bout d'un an, Cédrix s'ennuie, il ne trouve pas la sensibilité recherchée, bloqué dans le savoir-faire d'un art qu'il trouve passéiste, il tourne en rond comme un poisson dans son bocal. Maintenant qu'il a acquis la technique, il a soif d'émotions, et les sentiments, ça ne s'apprend pas.

Une fois encore, il bifurque et se dirige vers le meuble contemporain. Le jeune couple ne trouve pas sa clientèle et les bourses restent inlassablement vides. Cédrix dessine alors des intérieurs, y mêlant les meubles qu'il a créés; il propose du clé en main.

Autodidacte, le voilà projeté dans le monde des architectes d'intérieur, allant de rencontres en rencontres, bluffant ici et là: il s'éclate enfin. De toute façon, ils n'ont plus rien à perdre, les jumeaux viennent de naître et seul son engagement compte. Son credo, c'est de rester seul maître à bord; en échange, il promet d'être bon marché, et de modifier ce qui ne correspond pas aux attentes du client.
Il se heurte à quelques femmes d'intérieur mais, face à son assurance, les maris tranchent. Cédrix s'impose, ses réalisations sont remarquées et même publiées dans les magazines de décoration. Il éduque ses clients et se crée un véritable carnet d'adresses autour de la Baule, mais les comptes en banque ne se renflouent pas pour autant.
Il a 25 ans, et quand il ne travaille pas, le jeune homme peint pour son plaisir; là aussi il a son style, il fait de la peinture vectorielle; normal, c'est son époque, il ne se pose pas plus de questions. Fort d'un petit succès dont il est fier, il expose dans les salles des fêtes, les écoles et les mairies.

Un soir, alors qu'il regarde « Nulle part ailleurs » à la télévision, Philippe Gildas présente un nouveau concept de galerie d'art sur Paris. Loin des capacités du Net d'aujourd'hui, Cédrix fait des recherches et finit par dégoter les coordonnées de l'invitée. Agité par sa fougue instinctive et bluffante, il envoie un mail caricatural et frontal avec ces quelques mots: « Je vous autorise à juger mon travail ».
La réponse est quasi immédiate et les deux galeristes se déplacent à Guérande. Sur place, il n'a que quatre ou cinq tableaux à leur présenter. Les deux femmes décortiquent son ouvrage; il écoute, apprend, ce premier retour professionnel résonne en lui; une nouvelle fenêtre s'ouvre sur son monde. La rencontre avec son public est programmée. Ce sera à Paris et dans quelques mois, où il pourra exposer deux œuvres d'une exposition de groupe.

C'est le déclic! Cédrix s'enferme dans son atelier, Typhaine le soutient, et deux mois plus tard, il monte à la capitale avec une trentaine de toiles.
Gagné, il expose en solo, le rendez-vous est un franc succès, son travail trouve ses adeptes et tout est vendu. S'ensuit une deuxième exposition, c'est à nouveau le carton plein, et l'artiste se fait repérer par d'autres réseaux.

Pendant 7 ans, il va travailler sous contrat et de manière exclusive pour une grosse galerie dans le Sud de la France à qui il réserve toutes ses toiles. C'est une aubaine, mais à l'issue de cette collaboration, le peintre se retrouve au pied du mur: aucun fichier client, aucun contact avec d'autres marchands, plus de projet en cours et plus aucune rentrée d'argent.
Il part un mois en résidence au Maroc dans une fondation d'art contemporain, seul vestige de ses rencontres passées. Sur place, il peint de grands formats qui sont exposés avec un collectif d'artistes du monde. Cette année-là, le roi lui achète toutes ses toiles, il est sauvé.

Aujourd'hui, il travaille à nouveau avec plusieurs galeries, son activité reprend, mais Typhaine et Cédrix veulent conserver leur liberté et à l'avenir choisir les lieux et les projets sur lesquels ils s'engagent.

En 2006, je suis en vacances en Brière et je me balade avec mes parents dans les marais salants, puis à Guérande, quand nous tombons en admiration devant les toiles d'un jeune peintre local exposées dans la salle Athanor.
Ma maman a sa galerie à côté de Giverny et je suis imprégné par l'art. Cédrix est là, campé sur ses deux jambes, bien ancré dans le sol, et à notre timide demande pour savoir si ses œuvres sont en vente, il nous répond que tout est vendu. Ce moment reste gravé dans ma mémoire.
Plus tard, c'est à *La Mare aux Oiseaux* que nos chemins se croisent. À table, les looks aussi extravagants qu'assumés du couple glamour ne manquent pas d'amuser mes équipes et d'aiguiser ma curiosité.

En 2010, c'est Cédrix qui fera le premier pas. Il vient de signer son contrat d'exclusivité avec AD, mais en préambule à cette aventure, désire faire une première et dernière exposition personnelle et officielle en région.
L'homme sait que je suis dans l'attente d'une toile depuis de nombreuses années, et me propose un deal: l'organisation de son vernissage contre la toile de mon choix.
Je rentre enfin dans l'antre du maître, découvre ses œuvres, son atelier, les couleurs, les odeurs, je suis comme habité, submergé par un flot d'émotions. La toile choisie est déjà réservée, qu'à cela ne tienne, une autre attire aussitôt mon regard.

Trois jours après le vernissage, Cédrix me rappelle, son client ne viendra pas chercher le tableau sur lequel se portait mon premier choix. Sans un sou, faisant face à ces deux toiles — qui contrastent avec le néant de toutes ces années — je saute le pas et prends le risque de m'offrir la deuxième. Ainsi l'artiste et le collectionneur que je suis voient leurs vies s'unirent par un lien invisible.
En juin 2017, je prends la concession du musée des Arts de Nantes qui rouvre ses portes. Voilà encore l'occasion d'illuminer mon nouveau restaurant d'une création de Crespel tellement remplie d'énergie. Je lui commande alors un diptyque gigantesque, mais quelques jours avant l'ouverture, la conservatrice du musée m'oppose un refus catégorique: elle ne veut pas du travail de cet artiste ici. Blessé, j'annonce la nouvelle la mort dans l'âme à Cédrix, mais finalement conserve l'une des toiles pour *La Mare*, et ironie du sort, l'autre sera achetée dans la foulée par un de mes clients, ouf.

Je me retrouve complètement dans le parcours de l'artiste, son implication, son engagement, sa main, sa patte, la puissance qui ressort de ses toiles.
Emporté par le mouvement, elles me revitalisent quand j'en ai besoin. Quant à l'homme, presque sur la retenue quand nous nous croisons, dans le respect pudique du travail de chacun, il me fascine et m'inspire depuis longtemps.
Il est, tout comme moi, à la croisée des chemins, trop vieux pour faire partie des jeunes, et beaucoup trop jeune pour faire partie des maîtres, et à la question de demain, il me répond une phrase de Bacon qui trouve un sens particulier à mon oreille: « le doute, c'est l'école de la vérité… ».

Ses valeurs sont sans nul doute l'honnêteté, le courage et l'engagement.

Avec ma baguette magique
Il ne fait rien, il n'a pas besoin de ça, il sait juste qu'il devra toujours remettre son ouvrage sur la table pour trouver sa voie, afin qu'à l'image de Niki de Saint Phalle et Jean Tinguely, sa vie amoureuse avec Typhaine nourrisse encore longtemps sa vie artistique.

PIEUVRE DE L'ATLANTIQUE, BETTERAVE, RHUBARBE, GWELL

Pour 4 personnes

1 pieuvre
300 g de gros sel

Jus d'herbes
20 g de fanes de radis
20 g de cerfeuil
20 g de menthe
1 piment oiseau
300 g d'eau gazeuse

Jus de betterave
100 g de betterave cuite
10 cl de vinaigre de grenade
1 g de piment d'Espelette
1 g de poivre blanc de Belem
10 cl de vinaigre de riz
200 g de jus de grenade

80 g de rhubarbe
100 g d'eau
40 g de sucre

1 betterave chioggia

70 g de gwell de la ferme du Bois Joubert

Divers
sel et fleur de sel de Guérande, huile d'olive, poivre du moulin, sauce huître

Pendant des années, j'ai travaillé le poulpe dans tous ses états, jouant de sa double image de monstre des profondeurs qui a enlevé le capitaine Nemo, versus *mes plus jolis souvenirs de vacances en Méditerranée. Aujourd'hui, je le laisse de côté pour des raisons d'éthique. Mais en sondant la criée du Croisic, j'ai découvert ces petites pieuvres blanches dont personne ne veut et il m'arrive de jouer un peu avec.*
Pour cette recette, les courbes évidentes sont inspirantes, tout comme l'univers des tableaux de Cédrix.

PIEUVRE
La veille: Couper la tête de la pieuvre, puis la placer au congélateur une nuit, ce qui va permettre de l'attendrir.
Le lendemain, la laisser décongeler tranquillement, puis tailler tous les tentacules et les frotter avec du sel fin, afin d'enlever toutes les impuretés, bien les rincer sous l'eau froide.
Mettre de l'eau à bouillir pour blanchir les tentacules (5 minutes à la reprise de l'ébullition), puis les refroidir dans de l'eau froide. Mettre les tentacules dans des sachets sous-vide avec du sel, du poivre et de l'huile d'olive. Cuire au four vapeur ou au thermoplongeur 4 heures à 83 °C, puis faire refroidir de nouveau à l'eau froide.

JUS D'HERBES
Mettre tous les ingrédients dans le Thermomix®, mixer une minute à vitesse 10. Rectifier l'assaisonnement, puis ajouter une pointe de xanthane pour fixer l'émulsion.

JUS DE BETTERAVE
Faire la même chose que pour le jus d'herbe: mettre tous les ingrédients dans le Thermomix®, mixer une minute à vitesse 10. Rectifier l'assaisonnement, puis ajouter une pointe de xanthane pour fixer l'émulsion.

RHUBARBE
Éplucher la rhubarbe à l'aide d'un économe, la tailler en tronçons de 8 cm, réserver. Faire un sirop avec le sucre et l'eau, porter le tout à ébullition, puis laisser refroidir. Mettre les tronçons de rhubarbe dans un sachet sous-vide avec un peu de sirop et de poivre du moulin. Cuire 5 minutes en vapeur et laisser refroidir à température ambiante.

Éplucher la betterave chioggia puis la tailler en fines tranches à la mandoline. Réserver.

DRESSAGE ET FINITION
Assaisonner la pieuvre avec l'huile d'olive et la fleur de sel.
Dessiner des voluptés avec le gwell, le jus d'herbes et le jus de betterave.
Déposer les tentacules et terminer avec quelques pousses de saison, les tronçons de rhubarbe, la betterave chioggia, ainsi qu'un filet d'huile d'olive.

LAPIN CŒUR FOIE GRAS, FRAISES, POUCES-PIEDS

Pour 4 personnes

8 fraises
1 beau râble de lapin
100 g de foie gras cru
10 g de sésame noir

Pouces-pieds
20 pouces-pieds de Belle-Île-en-Mer
1 feuille de laurier
1 branche de thym

Jus fraise
250 g de fraises
10 grains de poivre
20 cl d'eau gazeuse
3 cl de vinaigre de citron
2 cl de vinaigre de riz
3 g de poudre de cassis

Jus spiruline
1 échalote
15 cl de vin blanc
5 g de spiruline
10 cl de fond blanc de volaille

Divers
sel et fleur de sel de Guérande, poivre du moulin, huile d'olive, sauce huître, gomme de xanthane, plantain corne-de-cerf

Une recette totalement inspirée du trait de pinceau de Cédrix Crespel, le lapin d'Alice plongé dans un monde merveilleux et coloré, presque psychédélique où les éléments se fondent dans un tourbillon de lumière.
Les pouces-pieds de Belle-Île-en-Mer, une richesse régionale incroyable à la saveur inimitable et une texture qui se marie si bien avec le lapin.

LAPIN
Désosser le râble avec un couteau fin et souple, retirer le surplus de gras et bien l'assaisonner de sel et poivre.
Tailler le foie gras cru en barrette, les rouler dans le sésame noir et les assaisonner, puis les déposer au cœur du morceau de lapin.
Faire une ballottine avec du film alimentaire et serrer les extrémités.
Cuire sous-vide au thermoplongeur pendant 1 heure à 54 °C, refroidir rapidement dans l'eau glacée.

POUCES-PIEDS
Porter un grand volume d'eau salée (30 g de sel par litre d'eau) à ébullition et y plonger les pouces-pieds environ 4 minutes. Les égoutter et les décortiquer encore tièdes. Pincer le tuyau au-dessus du sabot et tirer délicatement pour laisser sortir l'appendice de chair.

JUS FRAISE
Mettre tous les ingrédients dans le bol du Thermomix®, mixer une minute à vitesse 10.
Incorporer une pointe de xanthane si le mélange est trop liquide.
Rectifier l'assaisonnement si besoin.

JUS SPIRULINE
Dans le Thermomix®, ajouter un filet d'huile d'olive et une échalote, puis mixer 5 secondes à vitesse 5. Racler les parois du bol à l'aide de la spatule.
Cuire 5 minutes à 120 °C, ajouter le reste des ingrédients et cuire 15 minutes à 100 °C.
Mixer une minute à vitesse 10, ajouter une pointe de xanthane.
Rectifier l'assaisonnement si besoin.

DRESSAGE ET FINITION
Enlever le film alimentaire autour du lapin et couper de jolies tranches de 3 cm d'épaisseur.
Faire des voluptés de jus de fraise et de jus de spiruline, déposer les rouelles de lapin, et disposer harmonieusement les pouces-pieds et les fraises, donner un tour de moulin et ajouter quelques grains de fleur de sel de Guérande.

FOIE GRAS DE LOIRE POÊLÉ, CHOU-FLEUR AU SAFRAN, ÉMULSION CRISTE-MARINE

Pour 4 personnes

1 lobe de foie gras de canard
éveiné à chaud

Chou-fleur au safran
250 g de chou-fleur
30 pistils de safran de Bretagne
5 cl de crème liquide (facultatif)

Émulsion criste-marine
20 g de criste-marine
20 g de persil plat
1 piment oiseau
300 g de jus de moule
1 pointe de couteau de xanthane

70 g de chou-fleur violet
70 g de chou-fleur jaune
70 g de chou-fleur
70 g de chou romanesco

100 g de bigorneaux
1 feuille de laurier
1 branche de thym
10 grains de poivre noir

1 petit citron caviar
des agrumes Bachès

Divers
sel et fleur de sel de Guérande,
huile d'olive, poivre du moulin,
sauce huître

La touche artistique est dans l'énergie du plat. La gourmandise du foie gras, associée à la saveur marquée du chou et du safran, donne une impression de coquillage que vient soutenir la criste-marine.

FOIE GRAS
Faire chauffer de l'eau et la débarrasser dans un récipient haut, y plonger un couteau. Puis tailler le foie gras avec ce couteau bien chaud afin d'obtenir de belles tranches. Les réserver sur un papier cuisson (ne pas filmer) au frigo.

CHOU-FLEUR AU SAFRAN
Retirer les feuilles du chou-fleur et déposer le cœur de la fleur dans la cuve du Thermomix®, ajouter les pistils de safran et un tour de moulin, fermer et mettre à cuire en sens inverse jusqu'à obtention d'un chou bien cuit. Mixer pour obtenir une mousseline jaune, lisse et onctueuse. Si besoin, ajouter une pointe de crème liquide et une cuillère à soupe de sauce huître, rectifier l'assaisonnement et réserver.

ÉMULSION CRISTE-MARINE
Laver la criste-marine ainsi que le persil, puis les mettre dans le bol du Thermomix®. Incorporer le reste des ingrédients, saler, poivrer, mixer une minute à vitesse 10.

SOMMITÉS DE CHOU-FLEUR
Prélever les bouquets des choux-fleurs, puis, à l'aide d'un petit couteau d'office, tailler des petites sommités de la taille d'une tête de clou.

BIGORNEAUX
Dans une casserole, mettre les bigorneaux puis de l'eau froide, ajouter une feuille de laurier, une branche de thym, les grains de poivre noir. Porter le tout à ébullition et compter 4 minutes à la reprise de l'ébullition. Laisser les bigorneaux refroidir dans leur eau de cuisson, puis les égoutter et les décortiquer.

Ouvrir le citron caviar en deux avec la pointe d'un couteau, récupérer délicatement le caviar à l'aide d'une cuillère à café, réserver dans un petit récipient.

DRESSAGE ET FINITION
Saisir les escalopes de foie gras de chaque côté, en les arrosant régulièrement avec une cuillère, saler, poivrer. Débarrasser sur une assiette avec un papier absorbant pour enlever l'excès de gras.
Dans un bol, mettre les sommités de choux ainsi que les bigorneaux, ajouter un filet d'huile d'olive, du sel et du poivre.
Dresser harmonieusement dans une assiette: déposer une belle quenelle de mousseline de chou-fleur au safran, ajouter les sommités de chou-fleur, puis le foie gras préalablement réchauffé sous le gril du four et finir avec l'émulsion criste-marine.

Rémy Anezo et Matthieu
les pigeons de Mesquer

Rémy, les boucles dans le vent, l'allure vive d'un éternel jeune homme, voilà un piaf dans le cœur et dans le sang. Pas besoin de flûte pour nous séduire, un simple sifflotis suffit pour qu'il nous entraîne sans panache sur quelques sentiers affranchis.

Rémy est un enfant du pays de Mesquer et il le revendique haut et fort: « Ma vie est ici et nulle part ailleurs! ».
Il a grandi dans une famille de six frères et sœurs et est fasciné depuis son plus jeune âge par tout ce qui vole; une question le turlupine et reste sans réponse dans le monde des adultes qui l'entourent: « Dis papa, comment un œuf devient-il un oiseau? ». Il rêve de découvrir le secret de ce miracle nature. La journée, il pille les nids trouvés au hasard d'un buisson, la nuit, il passe des heures sous ses couvertures, où, assidu, il couve son butin armé de sa lampe torche, convoitant le moment crucial où la coquille se brise pour libérer l'oisillon emprisonné. Mais rien ne se passe! Adolescent, c'est dans l'élevage qu'il trouve son équilibre, passereaux, pies, tourterelles, tout y passe et le jeune homme a comme un don; il apprivoise, nourrit à la main et semble communiquer avec ses volatiles.

À 26 ans, après des études de mécanique de précision, il travaille pour les maisons préfabriquées — les Phénix comme on les appelait à l'époque — puis chez Airbus où il se spécialise dans les tableaux de bord des gros oiseaux de fer. Son parcours prend soudainement un virage lorsqu'il découvre une petite annonce dans la presse locale: « Rejoignez-nous pour une réunion d'information sur l'élevage des pigeons de chair. ». Le jeune Anezo n'hésite pas une seconde et, sur place, il rencontre des individus qui parlent la même langue que lui et vivent de la même passion; il n'en faut pas plus pour le décider.

Rémy commence alors avec les moyens du bord, il bricole ses volières et démarre avec quelques pigeons, mais il se retrouve vite seul, isolé dans une profession somme toute singulière. Pour survivre, il apprend vite; après tout, il a toujours vécu avec les oiseaux, il s'accroche, frappe à la porte des grands hôtels de la Baule et arrive à vendre une cinquantaine de pigeonneaux par semaine. Pour compléter le tableau, Véronique croise son chemin; ensemble, ils vivent dans un mobile-home à côté de l'élevage, elle travaille comme serveuse dans un restaurant, et en discothèque. Ils ont un premier enfant, Matthieu, puis Maud et, bien plus tard, le petit dernier, Eliot.

Cinq années passent, la qualité de son produit est reconnue dans la région et Rémy décide d'aller plus loin; il possède alors 500 couples, il passe à 2000 et vend entre 400 et 500 pigeonneaux par semaine, tout va bien. Véronique, elle, est rentrée dans les assurances et assure un salaire qui équilibre les comptes du jeune couple; faisant corps, ils achètent un terrain et se construisent une maison.

36 ans, tout roule; Matthieu, l'adolescent turbulent, est leur seule zone d'inconfort. Alors qu'il loupe ses études en bijouterie à cause d'un manque de ponctualité récurrent, qu'il ne trouve pas son compte en travaillant en plomberie et géothermie, le jeune garçon demande à son père de le prendre à ses côtés dans l'affaire familiale. Vendu! Matthieu s'inscrit et suit une formation agricole, avant de s'associer avec son paternel. Tous les deux, ils fournissent les restaurants de la région, quelques bouchers et volaillers.

En 1999, tout le monde lui parle d'un jeune chef original installé depuis quelques années sur l'île de Fédrun, passionné lui aussi par les oiseaux. Un jour, Rémy, de retour de ses livraisons, se décide à faire un crochet par Saint-Joachim pour aller à sa rencontre. Bien entendu, ce tête à tête fonctionne à merveille et les deux compères échangent comme s'ils s'étaient toujours connus…

C'est en octobre 2004 qu'Alain Ducasse me catapulte à Paris pour lancer l'opération Fou de France, veillant à mettre la créativité des jeunes chefs français sur le devant de la scène, en leur offrant la possibilité d'inscrire leur menu à la carte du Plaza Athénée pendant 15 jours et faisant de cet événement un rendez-vous incontournable pour toute la presse parisienne. Le deal pour le chef, c'est de venir avec un de ses producteurs de moins de 40 ans; Rémy en a 49, on triche un peu, pour monter conjointement à la capitale. Séance tenante, Rémy prend conscience de l'effet de la médiatisation et ensemble, nous allons réfléchir à l'avenir, lui dessiner un nouvel élevage, plus design, ouvert au public, les pigeons de Mesquer sortent de la routine installée, c'est le début du mouvement.
En 2006, j'entraîne Rémy au Sénégal sur mes traces de chasseur d'oiseaux du monde entier. Là-bas, nichés dans les palétuviers du Siné Saloum, nous refaisons le monde et alors que je m'interroge sur le sort des vieux pigeons, les réformés, comme on dit, il en ressort deux choses:
- Pour moi, pas question d'envoyer ces oiseaux, qui nous ont donné toute leur progéniture, à l'équarrissage. Je lance une réflexion sur le produit, que l'on retrouve peu de temps après, fumé à la tourbe ou en tartare dans ma cuisine.
- Rémy, lui, ouvre une boutique de produits dérivés et je lui crée plusieurs recettes, allant du tajine à la rillette au foie gras.
L'avenir est en route, Matthieu entre en scène et rejoint son père sur l'élevage. Rémy, lui, est devenu mon compagnon indissociable lors de mes échappées bretonnes, échangeant tous les deux comme des adolescents sur nos passions communes: l'oiseau et le chien, tout en partageant les mystères de la bécasse. Aujourd'hui, le père a pris tranquillement sa retraite, et le fils continue l'aventure, réhabilitant les murs de l'ancienne grange pour y faire un point de rencontre, une salle à louer, tout en y proposant du pigeon à toutes les sauces. Il poursuit les rêves fous de la famille Anezo.

Les pigeonneaux de Mesquer, c'est la certitude de ne jamais être déçu. Traditionnellement, l'œuf est couvé 17 jours, le mâle et la femelle se relayant sur le nid, puis la femelle sécrète un lait de jabot pour nourrir ses oisillons pendant 6 jours, avant d'être gavée de céréales ramollies qu'elle régurgite directement dans le bec de ses petits. On ne triche pas dans la famille Anezo, le pigeonneau est tué à 30 jours — avant il est trop gras, après il maigrit et sa chair est plus sèche — ils sont ensuite tous calibrés: 500 g, 520 g, 530 g, etc.

Chez eux, les pigeons ont une nourriture saine et équilibrée; rares sont les éleveurs qui leur donnent encore du blé — c'est une manipulation de plus et ça coûte cher —, pourtant Rémy l'assure, le blé, c'est la meilleure des protéines! Ils vont également y ajouter du pois, du tournesol, du maïs, du soja, et même de la graine de lin pour les oméga-3. Pour éviter les médicaments, ils pulvérisent des huiles essentielles, tout cela coûte cher. Depuis 6 ans, ils vont plus loin et cultivent leurs propres céréales de manière raisonnée sur 25 hectares et, l'hiver, ils enrichissent leurs terres de couverts végétaux; c'est du temps passé en plus.
Leurs véritables valeurs restent l'amour qu'ils portent à leurs oiseaux, ils se sentent responsables de leur vie comme de leur mort et font le choix d'un sincère accompagnement dans le respect et les meilleures conditions possible jusqu'au bout. Pour cela, ils ramassent les pigeonneaux le matin, et c'est sur place, dans leur petit abattoir à taille humaine, qu'ils seront le plus vite possible étouffés par leur poids, sans le stress de l'enfermement ou du transport; ensuite, ils seront aussi vite refroidis — ces étapes sont essentielles pour obtenir un produit de haute qualité.

Pour Rémy, sa grande fierté reste d'avoir passé sa vie au service de ce beau volatile. Le pigeon est aujourd'hui encore sa passion, au travers de rencontres incroyables avec les chefs, mais aussi de quelques personnalités comme Depardieu ou Jean-Pierre Coffe. L'oiseau l'a toujours comblé de bonheur. Son seul regret, c'est de voir que l'élevage est de plus en plus difficile: le temps perdu de nos jours dans les réglementations n'est pas donné sur le terrain et la vertu est souvent mise de côté pour un rapport qualité-prix médiocre.

Avec ma baguette magique
Il changerait les mentalités, l'état d'esprit de notre société, il voudrait voir les gens heureux d'aller travailler et de se construire, d'avancer pour éliminer la tristesse générale…

PIGEON RÔTI, CAFÉ VERT, AVOCAT, CÉLERI

Pour 4 personnes

4 pigeonneaux de 500 g

Jus de pigeon
les carcasses des pigeons
10 grains de poivre noir
2 échalotes
1 oignon
2 gousses d'ail
1,5 l de fond brun
(ou 30 g de fond brun déshydraté)
25 cl de vin blanc sec
3 expressos

Guacamole
2 avocats mûrs
1 citron vert
1 gousse d'ail
1 échalote
40 g d'huile d'olive
20 g de jus d'huître
2 gouttes de Tabasco

Céleri
1 petit céleri
100 g de crème
50 g de beurre
50 g de fond blanc

100 g de girolles
5 g de ciboulette ciselée
20 g de beurre
1 dose de café vert moulu

Divers
sel et fleur de sel de Guérande, huile d'olive, poivre du moulin, sauce huître, pousses de roquette sauvage

Juste pour se rappeler que les oiseaux migrateurs sont capables d'aller au bout du monde.

PIGEONS
Préparer les pigeons, les vider et retirer les cuisses pour les mettre sur le coffre.
Passer les cuisses au gros sel gris de Guérande pendant 20 minutes à température ambiante, rincer, sécher et mettre à confire sous-vide dans la graisse d'oie avec ail et fines herbes du jardin, pendant 20 minutes à 80 °C. Laisser refroidir à température ambiante et conserver au frais.

JUS DE PIGEON
Concasser les parures de pigeon, puis les saisir à l'huile d'olive, ajouter les échalotes émincées, l'oignon et l'ail. Déglacer au vin blanc et mouiller avec le fond brun, laisser cuire 1h30 à frémissement.
Passer au chinois étamine, puis ajouter les expressos et une cuillère de sauce huître.
Réduire légèrement si besoin et monter au beurre.

GUACAMOLE
Ouvrir les avocats, éplucher l'oignon, l'échalote et l'ail.
Mettre tous les ingrédients dans le Thermomix® et mixer une minute à vitesse 7.
Mixer autant de fois que possible afin d'obtenir une texture bien lisse.
Racler les bords du bol à l'aide d'une spatule, bien assaisonner et débarrasser dans une boîte opaque.
Mettre un film au contact puis une feuille d'aluminium pour éviter l'oxydation du guacamole.

CÉLERI
Éplucher le céleri à l'aide d'un économe, tailler à la mandoline des tranches d'environ 0,5 cm d'épaisseur. À l'aide d'un vide-pomme non dentelé, découper de jolis petits cercles réguliers.
Dans une petite casserole, incorporer le beurre, le fond et la crème. Mettre à feu moyen, saler et poivrer afin d'obtenir un mélange homogène, puis incorporer les cercles de céleri.
Cuire environ 5 minutes, sonder la cuisson à l'aide de la pointe d'un petit couteau.
Les céleris doivent rester un peu fermes, les garder chauds pour le dressage.

DRESSAGE ET FINITION
Assaisonner les coffres de pigeon et les saisir dans une poêle avec de l'huile d'olive fumante. Bien les colorer sur chaque face, puis les retirer de la poêle et les conserver dans un four à 56 °C. Au moment de servir, terminer la cuisson rapidement sur la braise ou dans une poêle.
Dresser harmonieusement le guacamole, déposer quelques pastilles de céleri à la crème, ajouter le pigeon grillé et la cuisse confite et terminer pas un tour de moulin de café vert. Servir la sauce bien chaude.
Parsemer de quelques pousses de roquette sauvage pour le côté poivré, presque piquant.

PIGEON FUMÉ À LA TOURBE, CRÈME FERMIÈRE, SALSIFIS, VINAIGRETTE CIVET

Pour 4 personnes

4 pigeons de 450/500 g chacun
200 g de gros sel
tourbe et sciure de bois

Vinaigrette civet
500 g de carcasses de gibier (chevreuil, sanglier)
2 échalotes
1 branche de céleri
2 gousses d'ail
1 piment oiseau
3 baies de genièvre
60 g de fond brun déshydraté
300 g de vin blanc
600 g de vin rouge
200 g de porto
10 g de sauce huître
1,5 litre d'eau de source
30 g de vinaigre de cassis

Poudre de genièvre
genièvre
romarin

Salsifis frits
1 salsifis

4 salsifis
½ c. à s. de farine T55
0,5 l d'eau de source
le jus d'un demi-citron

20 g de noisettes
120 g de crème double fermière de la ferme du Bois Joubert

Divers
sel et fleur de sel de Guérande, poivre du moulin, huile d'olive, pousses maritimes

Pour magnifier le pigeon de réforme, qui à l'origine était destiné à l'équarrissage. Il est maintenant valorisé au travers de nos créations jusqu'à la fin de son existence.

PIGEONS FUMÉS
Découper les pigeons en commençant par enlever délicatement les cuisses et lever les filets. Conserver les cuisses pour une autre recette.
Mettre les filets dans un plat, les recouvrir de gros sel, les laisser 20 minutes, puis bien les rincer et les sécher. Les mettre au frigo une nuit sans les couvrir.
Préparer le fumoir avec la sciure de bois et un peu de tourbe effritée.
Placer les pigeons dans le fumoir et les fumer pendant environ 1h30 (selon la puissance du fumoir). Le goût de fumé doit être léger et subtil.

VINAIGRETTE CIVET
Saisir à feu vif les carcasses de pigeon, ajouter les échalotes, le céleri branche émincé grossièrement, ainsi que l'ail, le piment oiseau et les baies de genièvre. Faire suer le tout 5 minutes en remuant très régulièrement pour ne pas que le fond de la casserole brûle, puis singer avec le fond brun déshydraté et déglacer avec tous les liquides (vin blanc, vin rouge et porto). Ajouter la sauce huître. Mouiller avec 1,5 litre d'eau de source et laissez cuire pendant 2 heures.
Passer au chinois, réduire encore un peu si nécessaire jusqu'à obtention d'une demi-glace* et conserver au frais.
Monter à l'huile d'olive en ajoutant le vinaigre de cassis jusqu'à obtention d'une vinaigrette acidulée et gourmande.

SALSIFIS FRITS
Prendre un salsifis, bien le nettoyer sous l'eau courante, puis le tailler en fines rondelles à la mandoline.
Sécher les rondelles et les faire frire dans l'huile à 150 °C jusqu'à obtention d'une belle coloration dorée, les égoutter sur un papier absorbant et les assaisonner.
Conserver au déshydrateur ou dans un endroit bien sec.

Éplucher les 4 autres salsifis, les nettoyer, puis les sécher. Faire un blanc à base de farine, d'eau et du jus de citron et cuire les salsifis tout en les conservant légèrement croquants.

Torréfier les noisettes et les concasser grossièrement.

DRESSAGE ET FINITION
Lier le pigeon fumé avec une cuillère à soupe de sauce huître. Poivrer généreusement et bien mélanger le tout, rectifier l'assaisonnement si nécessaire.
Dresser le tartare de pigeon dans un emporte-pièce et y déposer une belle quenelle de crème double fermière.
Parsemer de salsifis frits, d'éclats de noisettes et servir avec deux ou trois bâtonnets de salsifis bien assaisonnés. Terminer par la vinaigrette civet.

* diminuer le volume d'un liquide par évaporation jusqu'à liaison.

PIGEON RAMIER, BLINIS DE CAROTTES, MOUSSE DE FOIE, JUS SALMIS

Pour 4 personnes

4 pigeons ramiers

Salmis
500 g de carcasse de pigeon
3 gousses d'ail (sans germe)
4 échalotes
15 g de grains de poivre de Madagascar
1,5 l de fond brun (ou 50 g de fond brun déshydraté)
20 cl de porto
0,5 l de vin rouge
50 g de beurre demi-sel

Blinis de carottes
150 g de pulpe de carottes
80 g de pulpe de pomme de terre
150 g de crème
75 g de farine
1 œuf
1 blanc d'œuf
50 g de fromage blanc (ou gwell)

Carottes
10 carottes de couleur de la Ferme des Mottes
100 g de fond blanc

Mousse de foie
100 g de foie de pigeon
1 échalote
20 g de porto
100 g de crème liquide

Divers
sel et fleur de sel de Guérande, huile d'olive, poivre du moulin, sauce huître, beurre demi-sel, pousses de saison

Le ramier par ici, la palombe plus bas sur la carte de France, ce bel oiseau bleu de chasse mérite une place de choix, bien qu'assez rare dans ma cuisine nature.

PIGEONS

Plumer, flamber, préparer et vider les pigeons ramiers, et les mettre sur coffre. Conserver les pattes avec le reste des carcasses pour le jus.

SALMIS

Saisir à feu vif les carcasses des pigeons après les avoir concassées.
Ajouter l'ail, les échalotes et le poivre noir de Madagascar et déglacer avec le porto, puis le vin rouge et laisser cuire 5 minutes.
Mouiller avec 1,5 l de fond brun (ou ajouter le fond brun déshydraté) et laisser cuire 1 heure et demie à feu doux, passer au chinois.
Remettre à réduire si nécessaire, ajouter une cuillère de sauce huître et monter au beurre.

BLINIS DE CAROTTE

Cuire les pommes de terre au four sur un lit de gros sel pour récupérer la pulpe.
Éplucher les carottes, puis les tailler en morceaux et les mettre dans le Thermomix®.
Cuire 30 minutes à 100 °C/vitesse 1, puis ajouter le reste des ingrédients, assaisonner.
Mixer une minute vitesse 10. Laisser l'appareil reposer au moins 3 heures avant de faire les premiers blinis.
Dans une poêle, avec un filet d'huile d'olive, couler les blinis et les cuire une minute de chaque côté. Bien assaisonner.

CAROTTES

Cuire les carottes dans le fond blanc tout en les conservant croquantes, les rafraîchir dans l'eau glacée et les éplucher délicatement avec les doigts.

MOUSSE DE FOIE

Dans le Thermomix®, faire revenir les foies de pigeon avec un filet d'huile d'olive à 120 °C en sens inverse pendant 3 minutes.
Ajouter l'échalote ciselée, puis déglacer avec le porto et la crème, assaisonner.
Cuire 5 minutes, puis mixer une minute à vitesse 10. Conserver au frais.

PIGEONS

Préchauffer le four à 170 °C.
Dans une poêle avec un filet d'huile d'olive, saisir les pigeons sur chaque face en les arrosant à l'aide d'une cuillère. Saler, poivrer et cuire au four 5 minutes afin d'obtenir une cuisson rosée, laisser reposer 10 minutes puis lever les filets.

DRESSAGE ET FINITION

Poser les blinis de carottes, faire une jolie quenelle de mousse de foie, ajouter le pigeon et les carottes préalablement réchauffés dans une poêle avec une belle noix de beurre demi-sel, finir avec la sauce et quelques pousses de saison.

Arnaud Le Goff
maraîcher la Ferme des Petites Mottes à l'Immaculée

Tel l'oiseau voyageur, c'est ailleurs qu'il trouve son âme sœur; de retour de migration, c'est en Brière qu'il construit sa demeure…

Botaniste, biologiste, écologue, ces noms raisonnent comme une introduction au voyage et pourraient donner le *la* à un roman d'aventures.
Dès la fin de ses études en écologie, notre héros suit sa destinée et embarque pour l'exploration profonde des forêts tropicales. De Madagascar à la Réunion, en passant par la Nouvelle-Calédonie, il fouille la jungle, sonde l'insondable, ingénieur de recherche, prospecteur, explorateur, cet Indiana Jones des temps modernes garde les yeux ouverts sur la nature.

Quand il n'est pas en expédition, l'essence même de sa mission est d'analyser les projets d'aménagement du territoire afin d'éviter ou de réduire, voire souvent de compenser, l'impact de l'homme sur l'environnement — la belle affaire.
Mais dans la jungle, Tarzan croise Jane, elle est belle, et tout comme lui, en admiration devant la beauté de la canopée. Nathalie arrive au terme de ses études en écologie et sociologie de l'environnement et doit soutenir sa thèse à la Réunion; c'est entendu, ce sera la prochaine destination de nos deux amoureux sauvages. Sur l'île, ils ont du mal à trouver leur équilibre et, à l'annonce de la naissance de Nell, ils prennent la décision de rentrer en métropole.

En 2015, Arnaud intègre le Centre agricole de Rennes et se forme au maraîchage biologique. Malgré de nombreuses missions paysannes, il faut attendre 2017 pour que l'histoire se dessine enfin. Arnaud et Nathalie ont vent d'un projet de reprise d'une vieille ferme laitière abandonnée sur le territoire de la Carène, en lisière de Brière et à quelques coudées seulement de Saint-Nazaire. Ils se portent candidats et, après un an et demi d'un lourd processus administratif, s'installent enfin.

Sur le terrain, la désillusion est de taille face à l'ampleur du chantier. La maison est en ruine et la parcelle en friche est devenue une décharge. La première année, Arnaud prépare la terre et sème de l'engrais vert pour nourrir les sols; en parallèle, il déblaie le hangar, isole la maison à la chaux et au chanvre, monte les tunnels de production, imagine l'irrigation et le futur magasin — c'est un travail de titan pour le jeune entrepreneur.
Au printemps 2018, il est prêt et accommode enfin ses bacs pour la rotation des légumes, il recense déjà une quarantaine de variétés différentes et propose une abondante diversité de pommes de terre, courges, oignons, tomates, betteraves, navets, poireaux, et même du maïs. À l'aube de ce nouveau jour, le biologiste cherche encore sa méthode. Si la permaculture l'intéresse, pour lui, elle ne paraît pas suffisamment viable économiquement et les aberrations de notre agriculture moderne ne correspondent pas du tout à son inspiration.

Puisant dans son parcours de botaniste, allant de la vie du sol en pleine forêt sans aucune intervention humaine jusqu'à l'interaction avec les animaux, Arnaud décide de s'inscrire dans une démarche agroécologique de maraîchage sur sol vivant. Cette décision se traduit par un minimum de travail de la terre, aucun labour, le seul engrais utilisé doit être vert et la production nécessite une rotation permanente des cultures.

Pour tenir ses engagements, le maraîcher travaille uniquement par petites séries — il doit vendre aussi, et pouvoir proposer dans ses paniers une véritable variété, d'une semaine sur l'autre, pour séduire ses clients — il utilise le paillage au fumier pour apporter la matière organique, ce qui lui permet aussi de conserver un taux d'humidité important dans le sol, limite les arrosages et la pousse des mauvaises herbes. Seul sur l'exploitation, il gagne ainsi un temps précieux. Au pied des tomates, il plante des soucis pour éloigner les parasites, dans les pommes de terre, ce sera du lin contre les doryphores, le chou-rave se mélange aux courgettes et les petits pois ne sont jamais trop loin, faisant la causette aux fenouils. Sous les tunnels, les plantations mixtes et à taille humaine, enrichies du contraste de cette biodiversité retrouvée, nous appellent tout simplement à la cueillette.

C'est une fois de plus Benjamin qui m'entraîne à la Ferme des Petites Mottes. Prenant les chemins de traverse, longeant la Brière, croisant la cane colvert, la cigogne et le ragondin, là, juste après la petite voie ferrée, je rencontre Arnaud sur ses terres. Sa vérité est palpable et dès les premiers mots, la sincérité de l'homme me touche et me captive. Je subodore que les grands voyageurs exaltent un certain parfum d'aventure qui les lie au premier contact. Îles, nature, découverte, expédition, choix de vie, retour en Brière, respect, amour, autant de mots-clés qui nous rapprochent.

Dans mon parcours de chef de cuisine, travailler avec des hommes comme lui est un véritable challenge qui rejoint ma démarche créative et environnementale.

Selon Arnaud: « Le maraîchage est l'art de regrouper un travail et la protection du vivant, tout en respectant la nature qui nous entoure… ». La cuisine n'est-elle pas la continuité parfaite de cette maxime? Je me souviens de cette fois où, sur la liste que Benjamin a déposée sur mon bureau un vendredi, il y avait noté: *Arnaud: betteraves et oignons en quantité.* Après une réflexion plus soutenue qu'à l'accoutumée, j'ai imaginé un plat « haute couture » ciselé sur le fil de ces deux produits de modeste réputation. En permettant à nos producteurs de réguler les caprices de Dame Nature, je leur assure une certaine sérénité. Quant à moi, ces jeux de construction imposés m'amusent, éveillent en moi de nouveaux accords inscrits à 100 % dans l'authenticité d'un terroir vivant, en harmonie avec un tissu économique et social que j'aime et que je défends. Ensemble, nous sommes l'encre et l'écriture d'un roman de vie qui s'écrit au quotidien autour de la Brière.

Les valeurs d'Arnaud et Nathalie sont simples, ils essaient de mettre toutes leurs connaissances d'un ailleurs et d'une nature presque vierge au service de cet espace vivant qui est le leur, avec toute l'humilité de celui qui apprend chaque matin.

Avec ma baguette magique

Arnaud et Nathalie réussissent à conserver leur exploitation à taille humaine, embauchent, oui, mais en se donnant les moyens de former à leur image tout en vivant correctement de leurs 3 hectares de bonheur.

OIGNON DU COIN CONFIT, BETTERAVE ET JARDIN D'AUTOMNE

Pour 4 personnes

Terrine de foie gras
1 lobe de foie gras de canard déveiné de chez Alain François
6,5 g de sel
1,5 g de poivre noir

Confit betterave-oignon
200 g d'oignons jaunes
70 g de jus de betterave
30 g de vinaigre de figue

Jus betterave-oignon
1 oignon
1 petit morceau de cannelle cassia
10 graines de maniguette
10 cl de vin blanc
0,5 l d'eau gazeuse
0,5 l de jus de betterave
10 cl d'huile d'olive
5 cl de vinaigre de riz
1 clou de girofle
3 cl de mirin

Poudre de cassis
100 g de cassis séchés

10 g de noisettes

10 g de baies de goji

Shimeji
30 g de shimenji
10 cl de vinaigre de riz
10 cl de sauce soja

1 petite betterave jaune
1 petite betterave chioggia
1 petite betterave noire d'Égypte

Divers
sel et fleur de sel de Guérande, poivre du moulin, huile d'olive, sauce huître, gomme de xanthane

Quand Benjamin revient de chez Arnaud avec dans son panier des oignons et des betteraves, il faut faire appel à tout son savoir-faire de cuisinier pour trouver l'inspiration et proposer un plat étoilé équilibré avec de simples produits roturiers… j'avoue que j'aime ces challenges terriens.

FOIE GRAS
La veille: Mélanger le sel et le poivre. Saupoudrer le mélange sur le foie gras et mettre l'ensemble dans une poche sous-vide, réserver au frais.
Le lendemain, cuire le foie gras 45 minutes à 60 °C dans un thermoplongeur.
Une fois cuit, débarrasser le foie gras de la poche sous-vide, puis enlever l'excédent de graisse.
Garnir le fond d'un cadre à pâtisserie de film. Remplir le cadre avec le foie gras, filmer et presser, conserver au frais un minimum de 3 jours.

CONFIT BETTERAVE-OIGNON
Éplucher les oignons, les émincer pas trop finement pour garder de la texture.
Les mettre dans le Thermomix® avec le jus de betterave, puis le vinaigre de figue et cuire 12 minutes à vitesse 2 sens inverse/120 °C.

JUS BETTERAVE-OIGNON
Dans le bol du Thermomix®, mettre l'oignon, l'huile d'olive, la cannelle cassia, la maniguette, mixer 3 secondes à vitesse 3.
Chauffer 5 minutes à vitesse 1/120 °C, et déglacer avec le vin blanc. Cuire 15 minutes à vitesse 1/120 °C, et incorporer au fur et à mesure l'eau gazeuse et le jus de betterave.
Finir avec l'huile d'olive, le vinaigre de riz, le clou de girofle, le poivre et le mirin.
Mixer une minute à vitesse 10, puis passer au chinois étamine avant de lier avec une pointe de gomme de xanthane.

POUDRE DE CASSIS
Mettre les cassis à 80 °C pendant 12 heures dans un four ou un déshydrateur, puis les mixer une minute à vitesse 10, afin d'obtenir une poudre très fine.

SHIMENJI
Tailler les pieds des champignons afin de ne garder que la tête.
Les déposer dans une casserole avec le vinaigre de riz et cuire jusqu'à évaporation totale du vinaigre. Verser la sauce soja. Débarrasser dans une boîte.
Tailler à la mandoline 4 jolies tranches de betterave de chaque couleur, pas trop fines pour garder de la texture.
Faire torréfier au four les noisettes (20 minutes à 150 °C°), puis les hacher grossièrement au couteau.

DRESSAGE ET FINITION
À l'aide d'un emporte-pièce, dresser le confit d'oignon et le recouvrir de tranches de betteraves. Ajouter les baies de goji, les noisettes, les shimenji et deux cubes de foie gras préalablement saupoudrés de poudre de cassis. Terminer avec quelques grains de fleur de sel et un trait d'huile d'olive.

MORILLES, CREVETTES, MIMOLETTE

Pour 4 personnes

400 g de morilles fraîches
3 échalotes
1 gousse d'ail
200 g de porto
1 l de bouillon de volaille
60 g de beurre demi-sel

50 g de crevettes grises
50 g de jambon blanc bio
50 g de vieille mimolette

80 g de pois gourmands
10 feuilles de menthe du marais

Divers
sel et fleur de sel de Guérande,
huile d'olive, poivre du moulin,
sauce huître, pousses de saison

Il est des fois où les plats s'imposent sans grande réflexion; pour celui-ci, j'ai simplement joué de mes mains, pour m'amuser autour du goût, des textures et de la gourmandise directe.

CREVETTES GRISES

Décortiquer délicatement les crevettes grises en veillant à ne pas les déchirer. Les réserver dans un petit récipient et filmer au contact. Conserver les carapaces et les têtes.

MORILLES

Tailler le pied des morilles à l'aide d'un petit couteau, puis bien les nettoyer à l'eau froide avec un peu de vinaigre blanc pour retirer les petits résidus de terre et de bois. Attention à ne pas laisser les champignons tremper dans l'eau trop longtemps pour ne pas les abîmer.
Dans une sauteuse, faire revenir à feu doux l'ail et les échalotes ciselés avec un filet d'huile d'olive. Incorporer les morilles et mouiller avec le porto et le bouillon de volaille, ajouter une cuillère de sauce huître, saler légèrement. Cuire 25 minutes (il faut cuire les morilles au minimum 20 minutes, sinon elles ne sont pas consommables, voire toxiques). Une fois cuites, laisser les morilles dans leur jus de cuisson, à hauteur.
Récupérer le reste du jus de cuisson, le passer au chinois.

Dans une sauteuse, saisir à feu vif les parures de crevette, déglacer avec une goutte de porto et mouiller avec le reste de jus de cuisson, laisser réduire jusqu'à obtention d'un jus concentré en saveur. Passer au chinois, poivrer généreusement et monter au beurre.

Tailler le jambon en petits dés réguliers, faire de jolis copeaux de mimolette et réserver.

Couper les deux extrémités des pois gourmands et les tailler en julienne très fine. Blanchir la julienne quelques secondes et la refroidir rapidement dans l'eau glacée. Égoutter puis réserver sur un papier absorbant.

DRESSAGE ET FINITION

Assaisonner la julienne de pois gourmands avec un filet d'huile d'olive, sel et poivre. Poser les morilles au fond de l'assiette, mettre les crevettes et le jambon autour, ajouter la julienne de pois gourmands dessus. Déposer délicatement les copeaux de mimolette, verser le jus autour et finir avec les pousses de saison.

DAURADE ROYALE AU LARD, BLANC ET RADIS D'HIVER, VINAIGRETTE AU LARD FUMÉ

Pour 4 personnes

1 daurade royale de 1 kg
100 g de sucre
100 g de sel fin

Vinaigrette au lard paysan
arêtes de daurade
1 tête d'ail
1 g de poivre noir
300 g de lard paysan fumé
1 oignon
100 g de vin blanc
1 l de fond blanc
15 cl d'huile de pépins de raisin
5 cl de vinaigre de kanisu
(bonite fumée)

Riz
130 g de riz sauvage
30 g de beurre demi-sel
1 l de bouillon de volaille

Mayonnaise fumée
2 blancs d'œuf
300 g d'huile fumée

1 radis violet de Chine
15 g de citron caviar
4 tranches fines de lard di Colonnata

4 feuilles de radis sauvage
1 feuille de nori

Divers
sel et fleur de sel de Guérande,
huile d'olive, poivre du moulin,
sauce huître

Un poisson de saison dans un tableau de saison, le piquant du radis qui nous rappelle que dehors il fait si froid, alors que le fumé nous apporte la touche rassurante d'un bon feu de cheminée.

DAURADE
Préparer la daurade, enlever la peau, lever les filets et retirer les arêtes.
Mélanger le sel et le sucre ensemble et en frotter le poisson. Laisser mariner 30 minutes.
Rincer le poisson, bien le sécher et le tailler en jolies tranches fines. Réserver.

VINAIGRETTE AU LARD PAYSAN
Dans une grande casserole, laisser fondre le lard à feu vif, puis faire revenir la tête d'ail coupée en deux et ajouter les arêtes de poisson. Incorporer le poivre ainsi que la sauce huître. Mélanger quelques minutes, puis déglacer avec le vin blanc, cuire 10 minutes. Ajouter le fond blanc et cuire le tout 1 heure à frémissement.
Passer au chinois étamine, puis monter à l'huile de pépins de raisin et ajouter le vinaigre de kanisu, rectifier l'assaisonnement et réserver.

RIZ
Dans une poêle, laisser fondre le beurre, ajouter le riz et le laisser nacrer 2 minutes tout en remuant à feu doux.
Mouiller avec un peu de bouillon à hauteur, cuire à feu doux en remuant de temps en temps. Ajouter du bouillon au fur et à mesure qu'il s'évapore.
Une fois que le riz est cuit, il faut bien l'égoutter et le laisser sécher.
Puis, dans une poêle fumante avec de l'huile d'olive, saisir le riz à feu vif pour qu'il colore et devienne croustillant, le terminer avec une noix de beurre, rectifier l'assaisonnement et le conserver au sec ou dans le déshydrateur.

MAYONNAISE FUMÉE
Dans un bain-marie, mettre le blanc d'œuf puis, à l'aide d'un mixeur plongeant, mixer en faisant rentrer de l'air dans le mélange (les blancs vont commencer à monter) puis incorporer l'huile au fur et à mesure jusqu'à ce que le mélange soit homogène et la texture, celle d'une mayonnaise. Réserver dans une poche à pâtisserie.

DRESSAGE ET FINITION
Tailler le radis violet en tranches fines à la mandoline.
Ouvrir le citron caviar dans la longueur et récupérer tous les grains.
Disposer les tranches de daurade en intercalant les rondelles de radis, afin de garnir le fond de l'assiette. Disposer dessus le riz sauvage grillé, séché et bien croustillant, déposer quelques points de mayonnaise fumée, parsemer de citron caviar et de petits rectangles de nori.
Terminer avec les feuilles de radis, un filet d'huile d'olive et la vinaigrette au lard.

CARRELET, ÉCHALOTE CONFITE AU VINAIGRE DE FRAMBOISE, RADIS ET BEURRE DE FANES

Pour 4 personnes

1 carrelet de 1 kg

Confit d'échalote
500 g d'échalions (variété d'échalote)
100 g de vinaigre de framboise

1 botte de radis de couleurs bio

Beurre de fanes de radis
100 g de beurre demi-sel
2 échalotes
100 g de fanes de radis
1 l d'eau de source
50 g de vinaigre de riz
1 oignon nouveau
10 g de persil plat
1 g de piment d'Espelette

Cuisson du poisson
500 g de graisse d'oie
300 g d'huile d'olive

Divers
sel et fleur de sel de Guérande,
poivre du moulin, huile d'olive,
sauce huître, gomme de xanthane,
pousses de saison

Une inspiration venue d'un autre chez-moi, Le Jardin des Plumes *à Giverny où mon chef David Gallienne faisait une tarte au radis magnifique.*

Lever les filets du carrelet, un poisson plat qui a quatre filets, comme le turbot ou la barbue.

CONFIT D'ÉCHALOTE
Éplucher les échalions, puis les émincer dans la longueur.
Dans un grand rondeau, ajouter un filet d'huile, puis faire revenir les échalions très légèrement sans coloration. Ajouter le vinaigre de framboise, puis cuire à couvert 20 minutes. Saler, poivrer, maintenir au chaud.

BEURRE DE FANES DE RADIS
Mettre le beurre dans le Thermomix® avec les échalotes coupées en gros morceaux, faire revenir 5 minutes, mouiller avec 1 litre d'eau de source et porter à frémissement pendant 10 minutes. Ajouter les fanes de radis, 1 cuillère à soupe de sauce huître et bien poivrer, mixer. Puis ajouter le vinaigre de riz, l'oignon nouveau, le persil ainsi que le piment d'Espelette. Mixer une minute à vitesse 10, passer le tout au chinois étamine, rectifier l'assaisonnement.

Tailler les radis en fines tranches à la mandoline, puis les réserver dans de l'eau froide.

CUISSON DU POISSON
Plonger les morceaux de poisson dans la graisse à 75 °C pendant 4 minutes puis laisser reposer dans un four à 40 °C et réchauffer doucement sous la salamandre ou le gril du four.

DRESSAGE ET FINITION
Mettre dans le fond d'une assiette creuse le confit d'échalote, poser le carrelet puis recouvrir de pétales de radis. Verser le beurre de fanes et finir avec quelques pousses de saison.

SAINT-PIERRE, FLEUR DE COURGETTE, BULOT

Pour 4 personnes

1 belle pièce de saint-pierre d'1,3 kg
1 l d'huile d'olive de qualité

300 g de bulots
4 fleurs de courgette
1 c. à s. de moutarde

Jus d'arêtes au cumin
les arêtes du saint-pierre
10 g de graines de cumin
1,5 l de fond brun
(ou 15 g de fond brun déshydraté)
1 gousse d'ail
2 échalotes
1 piment oiseau
100 g de vin blanc
80 g de beurre
2 g de cumin en poudre

4 pois gourmands
1 petit poivron jaune
1 petit poivron rouge

Divers
sel et fleur de sel de Guérande,
huile d'olive, poivre du moulin,
sauce huître

L'envie d'un jardin marin.

Lever les filets de saint-pierre, enlever les arêtes, réserver.

BULOTS
Bien rincer les bulots, les mettre à cuire, départ eau froide avec 15 g de sel par litre d'eau. Porter à ébullition et cuire 5 minutes. Couper le feu et laisser les bulots refroidir dans l'eau.
Décortiquer les bulots, enlever la poche marron et les tailler en brunoise, réserver.

JUS D'ARÊTES AU CUMIN
Récupérer les arêtes, bien les rincer.
Dans une casserole, ajouter l'huile d'olive et bien faire revenir les arêtes de saint-pierre 5 minutes. Ajouter les graines de cumin, le piment, les échalotes coupées en gros morceaux, l'ail et déglacer au vin blanc. Bien remuer, faire revenir de nouveau 5 minutes puis ajouter le fond brun. Ajouter une cuillère à soupe de sauce huître puis cuire 1h30.
Passer la sauce au chinois, remettre à réduire si besoin, monter au beurre, ajouter le cumin en poudre et rectifier l'assaisonnement. Réserver.

FLEURS DE COURGETTE
Séparer la fleur de la courgette et retirer délicatement le pistil.
Tailler la petite courgette en brunoise et la mélanger avec la brunoise de bulots, lier avec la moutarde.
Bien assaisonner le tout et farcir les fleurs de courgette sans trop les remplir.
Cuire les fleurs de courgette 2 minutes à la vapeur.

Cuire les pois gourmands 2 minutes dans l'eau bouillante salée, puis bien les refroidir à l'eau froide.

Tailler les poivrons en jolis morceaux. Enlever les pépins et les saisir 2 minutes à la poêle avec un peu d'huile d'olive.

DRESSAGE ET FINITION
Mettre l'huile d'olive dans un bain-marie à 75 °C et cuire les filets de saint-pierre bien assaisonnés pendant 3 minutes, puis les saisir rapidement sur la plancha pour faire croustiller la peau.
Dans une assiette, déposer les poivrons, puis le filet de saint-pierre, la fleur de courgette et enfin les pois gourmand revenus dans une noisette de beurre demi-sel.
Finir avec la sauce et une jolie pousse de saison.

CHINCHARD DAÏKON

Pour 4 personnes

1 petit chinchard
10 g de tobiko

Marinade
1 citron vert
1 citron jaune
10 g d'aneth
1 c. à c. de gingembre en poudre
100 g de vinaigre de riz
5 g de gros sel
150 g de gros sel

Daïkon
200 g de navet daïkon
50 g de vinaigre de riz
50 g de vinaigre de kalamansi
50 g de mirin
1 piment oiseau

Gelée de raifort
250 g de lait
5 feuilles de gélatine
4 g d'agar-agar
10 g de raifort râpé

Vinaigrette shiso
20 g de shiso rouge
400 g d'eau pétillante
15 g de crème de balsamique blanc
4 g de miel

Divers
sel et fleur de sel de Guérande,
huile d'olive, sauce huître,
poivre du moulin

Une recette de mon bras droit Léo Lebrun. Tout aussi féru de pêche responsable que moi, il aime jouer avec le chinchard, le tacaud ou la vive pour vous transporter dans notre univers.

CHINCHARD EN MARINADE
Lever les filets du poisson et enlever la peau.
Dans le Thermomix®, mettre tous les ingrédients de la marinade et mixer une minute à vitesse 10. Verser le mélange sur le poisson, laisser mariner 40 minutes. Rincer, tailler le poisson dans la longueur en fines tranches, réserver.

DAÏKON
Éplucher le daïkon et le tailler en tronçons de 7 cm, puis en fines tranches à la mandoline. Faire bouillir tous les ingrédients ensemble dans une casserole, puis verser sur les daïkons. Réserver.

GELÉE DE RAIFORT
Faire bouillir dans une casserole tous les ingrédients sauf la gélatine; faire ramollir la gélatine dans l'eau froide, puis l'incorporer, bien égouttée, dans le mélange. Verser le mélange dans une petite boîte rectangle, filmer, laisser prendre au frigo pendant 3 heures, puis tailler en petits cubes de 1 cm, réserver.

VINAIGRETTE SHISO
Mettre tous les ingrédients dans le bol du Thermomix®, mixer une minute à vitesse 10, rectifier l'assaisonnement si besoin.

DRESSAGE ET FINITION
Dresser harmonieusement dans une petite assiette: rouler le chinchard dans le daïkon mariné, le poser sur l'assiette. Déposer dessus 3 petits dés de gelée, une pointe d'œuf de tobiko sur chacun et finir avec la vinaigrette shiso. Terminer avec une pousse de shiso rouge.

L'invité
Olivier Masmonteil
artiste peintre à Paris

Dans son panier de culture, il transporte toujours une histoire, qu'elle soit d'art ou d'un plat rare, il reste un maître du savoir.

Olivier grandit en Corrèze, au cœur d'un livre ouvert sur la nature. Dans la famille, tout le monde chasse, pêche, cueille et se régale de tous les plaisirs que le quotidien peut offrir. La main toujours occupée, chez les Masmonteil, quand on ne partage pas, on crée; ainsi chacun joue de sa plume pour dessiner le monde qui le passionne. En voilà un joli bain de culture, bouillonnant de souvenirs aussi variés que sensoriels! Le fumet du perdreau à la cheminée, le fondant du chevreuil au palais, la saveur inoubliable de la girolle qui, à peine cueillie, nous transporte à l'instant même dans le secret du lieu où, délicatement, on la décroche du sol mousseux.
Autant d'esquisses (que je partage totalement avec lui) gravées à jamais dans le cortex du jeune garçon. Ainsi les paysages embrumés, les lumières surnaturelles au réveil d'un jour, ou l'instant volé quand les ombres s'allongent au coucher, vont marquer les réminiscences éternelles de son enfance.

À 11 ans, le garçonnet dessine avec une véritable assiduité, c'est devenu vital, avec une prédilection pour la bande dessinée. Mais papa est notaire et n'envisage aucunement une carrière artistique pour le fiston; Olivier se dirige alors vers le droit. Sur les bancs, où cette frustration l'accompagne, il cultive son besoin d'expression, cherche à renouer avec toutes les émotions récoltées au cours de son enfance. Alors il crayonne, encore et encore, plongé dans ses rêveries, il s'échappe, s'envole vers les forêts profondes où brame le cerf, et s'accroupit le long d'un ruisseau pour capter l'éclat métallique de la truite. Face à l'échec annoncé de ces 2 ans d'école buissonnière de la pensée, le jeune homme finit enfin par entrer aux Beaux-Arts de Bordeaux, contre l'avis familial.

Bien installé dans son appartement d'étudiant, face au marché des Capucins, Masmonteil junior retrouve sa fougue. Emporté par son apprentissage de l'art, il renoue avec les maths, le français et même, qui l'eut cru, l'anglais. Le week-end, il organise de véritables festins avec ses amis, développant la débrouille comme une quête naturelle, fouinant sur les étals à la recherche des invendus qu'il grappille pour quelques sous auprès des producteurs.
Et de temps en temps, c'est la folie d'une nuit de pleine lune qui le surprend — sans attendre l'été en Corrèze —, il file alors au cap Ferret et lance sa ligne dans les eaux noires qui reflètent la magie des étoiles.

Paris! Il a 25 ans, multiplie les petits boulots, et décoche désespérément son *curriculum vitae* à tout va. Un matin, il reçoit enfin une réponse, de l'association À la source. Olivier est accepté pour une résidence d'artiste de quelques mois, mais sur place, sa rencontre avec Gérard Garouste — l'une des figures de la peinture française — va tout changer, et l'apprenti stationne à Verneuil-sur-Avre pendant 3 ans.
Plongé corps et âme dans la peinture, on dit de lui qu'il est autiste; logé, nourri, il doit en échange donner de son temps pour les enfants et organise des ateliers créatifs.

Cette période riche d'enseignement pour le jeune homme marque aussi le temps des récompenses. Olivier remporte de nombreux prix, et croise le chemin de personnalités de renom, comme Philippe Decouflé.

Sur la route, il y a Suzanne Tarasiève, propriétaire d'une galerie d'art contemporain réputée à Barbizon. Olivier brigue une exposition chez elle et frappe à sa porte régulièrement, mais rien n'y fait: pour la galeriste, il n'est pas prêt!
Vient le jour où notre jeune artiste remporte le prix de la COFIM, Suzanne est la première à le féliciter et lui glisse à l'oreille: « Maintenant tu es à moi ».
L'artiste-peintre Masmonteil expose enfin à Barbizon. L'émotion est intense, c'est sa première grande victoire dans le monde de l'art, mais aussi face à son père.
Le rendez-vous est un franc succès, la totalité des toiles est vendue le soir du vernissage, c'est le buzz et les collectionneurs sortent de la forêt.
En quelques mois, le nom de Masmonteil raisonne dans le trio des artistes marqués par le sceau du renouveau de la peinture. Suzanne Tarasieve veille au grain, il faut garder la tête froide, elle envoie le prodige en résidence au Spinnerei à Leipzig. En Allemagne, Olivier plonge à nouveau à temps plein dans la peinture, ne quittant sa nouvelle famille de futurs grands de demain que pour accompagner Suzanne à travers le monde, allant de foire en exhibition, de saut de puce en saut de puce, multipliant ainsi les rencontres extraordinaires.

En 2006, une ombre vient pourtant assombrir le tableau; l'une de ses sœurs est atteinte d'un cancer, Olivier rentre en France et met sa carrière en suspens.
Au sein du cercle familial, il entame un projet personnel sur la mémoire. Attablé dans la cuisine du petit appartement, il peint 1000 tableaux, comme des cartes postales aux saveurs de son enfance; enfermé, face à la soudaine fragilité de la vie, il s'échappe, peint l'horizon, rêve de voyages.
Plongé dans sa retraite parisienne, l'homme croise Émeline, une jeune femme éclatante, avec qui il développe une relation intellectuelle.
Finalement l'annonce de la guérison de sa sœur arrive, Olivier a besoin de reprendre son souffle, il prend un billet pour faire le tour du monde, mais dans le même intervalle, ses accointances avec Émeline se renforcent, et le départ vers l'aventure n'a plus vraiment le goût escompté.
L'homme s'envole vers d'autres lumières, et la jeune femme le rejoint lors d'une étape à Buenos Aires pour les fêtes de fin d'année — le fluide est réciproque.
Mais Émeline doit rentrer et laisse Olivier en tête à tête avec lui-même devant le cadre paradisiaque de Bora Bora. Il pressent que quelque chose a changé. Néanmoins, il doit aller au bout de son voyage. Lors de son étape en Nouvelle Zélande, c'est avec la pêche qu'il renoue, et après tant d'années, les sensations reviennent, si pures, si intenses dans cette nature sauvage; le shoot est incisif.
À son retour en France, il est décidé, retrouve Émeline et le couple s'installe, fort d'une promesse commune de faire un tour du monde ensemble.

Olivier reprend la peinture, ses œuvres se vendent, Émeline travaille pour un grand groupe à la Défense; leur temps libre, ils le consacrent à une passion commune pour les grandes tables.
Le temps passe, il vient d'avoir 40 ans, elle 38, tout va bien, installés dans une certaine routine; la crise de la quarantaine aidant, ils décident de renouer avec leur folie originelle et partent pour 6 mois autour du monde.
Si le virtuose profite de ce voyage pour se nettoyer de son empreinte artistique peut-être trop en place, Émeline a un déclic, elle veut changer de vie.
À leur retour, elle s'inscrit dans une formation pour adulte et passe un CAP cuisine; Olivier, lui, se perd, cherche à donner un sens nouveau à sa peinture; face à ses choix, le couple est fauché. L'artiste trouve enfin sa voie au travers de paysages intérieurs, il peint des jeunes femmes dénudées, ses « demoiselles oubliées », comme il les appelle, et cette nouvelle expression autour du nu l'ouvre à une toute nouvelle clientèle qui s'intéresse également à ce qu'il faisait avant; c'est le carton.

De son côté, sa muse est en stage chez Amandine Chaignot et rêve de rencontrer un chef qu'on dit « artiste », Éric Guérin. C'est lors d'une soirée parisienne que je rencontre le couple; je viens à peine de terminer l'envoi des desserts

que la jeune femme me saute dessus. Elle est en pleine reconversion, c'est l'époque de Masterchef et de Topchef et j'ai ce genre de demande tous les jours. Certainement maladroitement, car on en rigole encore beaucoup aujourd'hui, je lui réponds que ce n'est pas un choix facile pour une jeune bourgeoise (traduction faite par Émeline), le changement de vie est radical et périlleux. Quelques semaines plus tard, faisant suite à mon apparition dans l'émission star, je lance un concours sur Facebook et retrouve Émeline en première ligne.

Sa pugnacité m'interpelle et je finis par l'inviter à partager quelques jours en cuisine à *La Mare aux Oiseaux*. Encore une coïncidence éclatante, sa culture artistique, sa passion pour le dance floor — elle a aussi été DJ — mêlées à ses envies de cuisine, nous rapprochent. Olivier, discret, reste dans l'ombre, mais cette rencontre avec les coulisses d'un grand restaurant le conduit à une certaine prise de conscience, que l'artiste va faire perdurer à chaque étape du parcours de sa muse.
Quand une place se libère dans ma brigade, comme promis, je rappelle la jeune cuisinière à mes côtés, alors qu'à Paris, seul, le maître se concentre sur une série de grandes pièces qu'il intitule: « La mémoire de la peinture ».
Riche de ma jeunesse entourée d'artistes dans la galerie familiale, je m'intéresse de plus en plus à son travail, et la relation culture-food s'intensifie, rapprochant nos deux univers.

À Giverny, j'ai l'envie de rendre hommage à Claude Monet, mais refuse de tomber dans le cliché trop facile de cuisiner les fleurs, l'herbier ou de reprendre le livre de cuisine du peintre pour traduire à ma sauce ses plats de maison.

Aussi j'interpelle Olivier sur son idée de l'impressionnisme au travers d'une cuisine contemporaine.
L'échange est immédiat. Si Monet peint les meules de foin à différents moments de la journée, il faut jouer avec la lumière et proposer des agapes basées sur les différentes étapes allant de l'aube au crépuscule; ainsi les couleurs, les textures, les émotions provoquées par la nourriture transporteront le quidam au travers d'un chemin de vie. Rythmé par la mise en scène de Nadia Socheleau en salle, le menu des Impressionnistes est un franc succès.

À la même période, Olivier intensifie ses rencontres autour de la gastronomie. Alors qu'il échange régulièrement avec Laurence, une artiste parisienne, il apprend que son mari est le grand chef 3 étoiles, Yannick Alleno. De fil en aiguille, les deux couples se lient d'amitié, Émeline rejoint la brigade du *Pavillon Ledoyen*, alors qu'Olivier entreprend d'en repeindre le plafond. Pour la jeune femme, la tâche est ardue, elle prend conscience de son retard dû à la reconversion, dans une équipe où elle débute en tant que commis, alors qu'elle a l'âge d'être chef. Pour Olivier, sa collaboration avec Alleno est un booster de plus.
Fort d'une belle énergie créative, l'artiste se penche sur la monographie du cercle d'art pour une rétrospective de ses 20 ans de peinture. Ainsi, il revisite sa propre histoire et entame sa deuxième vie d'enlumineur.
Émeline croise le chemin d'Amélie Darvas, et l'accompagne jusque dans l'Hérault où la jeune cheffe installe *Aponem*, son nouveau restaurant.
Aujourd'hui de retour dans la capitale, tels Camille Claudel et Auguste Rodin, l'un inspire l'autre, et riches de cet échange, ils proposent une immersion dans l'atelier du peintre au travers de dîners clandestins, au cours desquels Émeline s'inspire de la peinture d'Olivier pour réaliser ses plats, ou lui lance le défi de peindre autour de son futur menu.

Cette communion, l'harmonie qui en résulte entre l'art, la cuisine, et le geste créatif, me fascine totalement. L'échange me renvoie à ma jeunesse, quand maman recevait à la maison amis et artistes pour les vernissages de sa galerie. Ce sont ces rendez-vous, d'une intensité sans égal pour le jeune garçon que j'étais alors, qui m'ont dirigé vers le métier de restaurateur.

Depuis, à *La Mare aux Oiseaux*, je construis mon histoire en y mêlant cet esprit de maison familiale à la croisée de différents chemins culturel, afin que chacun trouve sa voie, mêlant l'art, le plaisir de recevoir, les objets, la cuisine et la nature, ne conservant qu'une idée en tête: proposer une expérience d'art de vivre harmonieuse et la plus complète possible.

J'ai tenu à inviter Émeline et Olivier dans cet ouvrage car ils font partie intégrante de mon inspiration, j'aime voir l'évolution de la jeune cheffe sur les artères sinueuses d'une vie de passionnée, alors que mon admiration est grandissante pour le travail prophétique de l'artiste Masmonteil.

Alors que je me prépare à fêter les 25 ans de ma maison, je propose avec entrain à Olivier d'y apposer son énergie. Une fois encore, nos sentiers se croisent, mêlant l'inspiration et l'admiration que nous avouons avoir l'un pour l'autre.
Pour *La Mare aux Oiseaux*, Olivier me propose un paysage de Brière mêlant ses lignes colorées conductrices sur l'horizon du marais, mais je lui retourne en toute humilité que j'attends autre chose, le paysage étant déjà très présent dans mon environnement.
Il plonge alors dans la mémoire de l'art, remplaçant les papillons qu'il utilise habituellement par une série de passereaux, comme un message à la fragilité de ces espèces; pour la sérigraphie, il s'inspire du paon, le dieu grec Argos aux mille yeux, celui qui voit, me proposant ainsi une œuvre du voyeur regardé, de l'artiste spectateur. Il y mêle savamment mon emblème, la grue couronnée, la bécasse, ma favorite, le geai, son oiseau, sans oublier le chardonneret de Fabritius, symbole fort de la mémoire de l'art. Côte à côte, pour des jours et des jours de passion, notre savoir-faire ainsi partagé devrait, je l'espère, insuffler force et vitalité à mon ouvrage.

Les valeurs partagées sont l'échange et la sincérité autour de l'amitié et une volonté sans faille dans une passion de vie commune.

Avec ma baguette magique
Émeline et Olivier transforment leur vie en rêve, alliant 6 mois à l'atelier et 6 mois à la découverte des plus jolis coins de pêche du monde.

SILURE DE LOIRE, BURRATA, FÈVE ET POIS CHICHE

Pour 4 personnes

600 g de silure en filet
100 g de sucre
100 g de sel

50 g de pois chiches
1 gousse d'ail
1 oignon
1 g de graine de cumin

Jus de basilic
1 botte de basilic de chez Huitric
200 g d'eau gazeuse

1 petit brocoli
100 g de fèves écossées

10 olives noires de Kalamata
1 citron confit au sel
200 g de burrata de qualité

Divers
sel et fleur de sel, huile d'olive, poivre du moulin, sauce huître, pousses de saison

Un poisson, une fois travaillé et nettoyé de tout a priori, *qui s'adapte à toutes les sauces.*

POIS CHICHES
La veille: Faire tremper les pois chiches dans l'eau froide dans un grand volume d'eau. Le lendemain, les rincer puis les mettre à cuire avec la gousse d'ail, l'oignon et le cumin dans une casserole remplie d'eau à hauteur. Cuire 30 minutes. Saler en fin de cuisson (saler en début de cuisson empêche le pois chiche de cuire). Une fois cuits, réserver les pois chiches dans une boîte avec un peu d'eau de cuisson.

JUS DE BASILIC
Réunir tous les ingrédients dans le bol, puis mixer une minute à vitesse 10, afin d'obtenir une texture bien lisse. Assaisonner.

SILURE
Pour la préparation du silure, voir la recette page 76.
Pour la cuisson, saisir le poisson à l'huile d'olive à feu moyen sur la peau et laisser monter la chaleur. Retourner délicatement et conserver dans un four à 40 °C.

LÉGUMES VERTS
Tailler le brocoli en toutes petites sommités à l'aide de la pointe d'un petit couteau. Mettre à bouillir un grand volume d'eau salée, puis cuire les sommités de brocoli 2 minutes. Refroidir directement dans un grand volume d'eau froide, égoutter et sécher.
Faire de même avec les fèves: cuire environ 2 minutes, puis refroidir. Ôter la peau des fèves en la pinçant avec les ongles. Réserver les fèves dans un petit récipient.

Couper les olives de Kalamata en 2.
Enlever la pulpe du citron confit, puis tailler des filaments de zeste.
Tailler délicatement la burrata en 4 en faisant attention de laisser la straciatella à l'intérieur.

DRESSAGE ET FINITION
Dans un petit récipient, réunir les pois chiches, le citron confit, le brocoli et les olives. Assaisonner d'un filet d'huile d'olive, de poivre et de sel.
Dans une assiette plate, dresser harmonieusement: poser au centre de l'assiette le silure, mettre délicatement autour la salade de légumes, déposer la burrata et quelques points de jus de basilic, finir avec quelques pousses de saison.

PERLES DE FAISAN AUX GRAINES DE PETITS OISEAUX, CONSOMMÉ DE RACINES DE BARDANE ET COQUES DU CROISIC

Pour 4 personnes

2 faisans ou 8 cuisses de faisan
1 échalote
1 oignon
1 branche de céleri
1 l de vin blanc
300 g de graisse de canard
1 feuille de laurier
1 gousse d'ail

Mélange de graines
20 g de sésame blanc
20 g de sésame noir
20 g de sésame doré
20 g de graines de lin

Bouillon de bardane
1 l de bouillon de volaille
20 g de bardane fraîche
1 oignon
2 échalotes
50 g de céleri boule

Crème de maïs
1 oignon
1 petite boîte de maïs (env. 200 g)
350 g de bouillon de volaille
250 g de crème liquide
1 jaune d'œuf
1 petit céleri boule
16 grosses coques
200 g de vin blanc
30 g de beurre

50 g d'algues fraîches (dulse)
1 petit épi de maïs frais

Divers
sel et fleur de sel, poivre du moulin,
huile d'olive, sauce huître

Conserver tout son panache à cet oiseau magnifique, tout en vous proposant un bouillon savoureux aux vertus médicinales.
C'est ça aussi la cuisine, elle doit faire du bien aux yeux, au corps et à l'âme.

CROQUETTES DE FAISAN

La veille: Préparer et lever les faisans, en enlevant les cuisses puis les filets délicatement avec un couteau fin.
Mettre les morceaux de faisan dans un plat haut pouvant aller au four. Ajouter le céleri, l'oignon, l'échalote émincée, la gousse d'ail, le laurier, le vin blanc ainsi que la graisse de canard fondue. Filmer le tout, laisser mariner au frais une nuit.

Enlever les morceaux de faisan du plat, prendre une grande poêle et saisir tous les morceaux un par un à feu moyen afin d'obtenir une légère coloration, puis les remettre dans le plat. Ajouter 5 g de gros sel, recouvrir d'un papier aluminium et mettre à cuire 12 heures à 90 °C.

Une fois le faisan cuit, enlever délicatement les morceaux à l'aide d'une écumoire, puis récupérer le jus de cuisson en le filtrant à l'aide d'un chinois étamine. Décortiquer les morceaux soigneusement en faisant très attention de ne pas laisser de petits os (surtout sur les cuisses), mettre les chairs dans le bol du batteur équipé de la feuille. Faire tourner 2 minutes à faible vitesse et incorporer au fur et à mesure le jus de cuisson afin d'obtenir une texture souple.
Mettre une cuillère à soupe de sauce huître, rectifier l'assaisonnement si besoin en sel et poivre. Réserver le mélange au frais 2 heures, puis former des jolies boules de 30 g chacune environ.

COQUES

La veille: Dans un grand récipient, mettre les coques. Remplir d'eau, ajouter une poignée de gros sel, et faire dégorger une nuit pour enlever le sable.

Faire bouillir dans une casserole le vin blanc ainsi que le beurre. Y plonger les coques et, à l'aide d'une petite pince, les enlever dès que la coquille s'ouvre. Les réserver sur une assiette garnie d'un papier absorbant, les décortiquer puis mettre les coques dans le jus de cuisson.

BOUILLON DE BARDANE

Dans une casserole, mettre l'eau, la bardane, 1 cuillère à soupe de sauce huître, l'oignon, les échalotes, le céleri. Cuire le tout 1h30 à léger frémissement, passer au travers d'un linge, rectifier l'assaisonnement puis réserver.

CÉLERI

Éplucher la boule de céleri à l'aide d'un économe, y tailler des tranches de 1 cm d'épaisseur puis faire des jolis bâtonnets réguliers de 8 cm de long.
Faire bouillir dans une casserole un grand volume d'eau salée (environ 10 g de sel par litre d'eau), cuire environ 3 minutes. Sonder avec la pointe d'un couteau d'office pour vérifier la cuisson: on doit encore sentir une certaine résistance, une fois cuites.
Enlever les bâtonnets, puis les plonger dans l'eau glacée. Les égoutter sur un papier absorbant et réserver.

CRÈME DE MAÏS
Dans le bol du Thermomix®, saisir l'oignon avec un filet d'huile d'olive à 120 °C pendant une minute. Ajouter le maïs, mouiller avec le fond blanc et la crème, cuire 25 minutes à 90 °C. Laisser tiédir, ajouter le jaune d'œuf et mixer une minute vitesse 10, passer au chinois et rectifier l'assaisonnement. Conserver au frais.

MAÏS
Égrainer l'épi de maïs à l'aide d'un petit couteau puis le blanchir dans l'eau bouillante salée environ 3 minutes. L'égoutter, puis le réserver.

DRESSAGE ET FINITION
Arroser les boules de faisan d'un filet d'huile d'olive, puis les rouler dans le mélange de graines. Dans chaque assiette creuse, dresser harmonieusement: déposer les bâtonnets de céleri, mettre 3 croquettes, les coques, ainsi que quelques grains de maïs. Mettre une pointe de crème de maïs sur chaque croquette. Terminer par le bouillon de bardane autour, un morceau d'algue et des herbes de saison.

SANGLIER, CHOU ROUGE, ÉCHALOTE

Pour 4 personnes

4 grosses échalotes type échalion

600 g de dos de sanglier français
80 g de chanterelles grises
300 g de gros sel de Guérande

Purée de chou rouge
700 g de chou rouge
1 oignon
2 échalotes
4 épis de poivre long rouge d'Ishigaki Jima
400 g de porto
60 g de beurre demi-sel

Cédrat confit
1 petit cédrat
400 g de sucre
1 bâton de cannelle
2 g de poivre
1 piment oiseau

Divers
sel et fleur de sel, poivre du moulin, huile d'olive, sauce huître, pousses de saison

Je ne chasse que les oiseaux mais j'admire beaucoup ce cochon sauvage si rusé qui passe son existence à nous éviter. Ainsi, je vous le propose fondant et tout en douceur dans cette recette d'hiver très colorée.

Préchauffer le four à 150 °C.
Sur un plat allant au four, mettre le gros sel de Guérande, y déposer les échalotes entières non épluchées et cuire 30 minutes à 150 °C.
À la sortie du four, éplucher les échalotes délicatement en enlevant la première peau, puis maintenir au chaud.

PURÉE DE CHOU ROUGE

Mettre l'oignon et les échalotes ciselés dans le bol du Thermomix® avec une belle noix de beurre demi-sel et le poivre, laisser tourner en vitesse 2 à 120 °C pendant 3 minutes. Mouiller avec le porto et porter à ébullition, mixer.
Ajouter le chou rouge émincé et laisser cuire jusqu'à ce qu'il soit tendre, ajouter 50 g de beurre puis mixer afin d'obtenir une texture bien lisse.

CÉDRAT

Couper le cédrat en 2, le mettre dans une casserole remplie d'eau et porter à ébullition. Refroidir directement et refaire la même opération 7 fois, cela permettra d'enlever l'amertume de l'agrume.
Dans la casserole, remettre le cédrat, le sucre et les épices et cuire à feu très doux pendant 5 heures.

Sauter les chanterelles dans une poêle au beurre demi-sel, bien assaisonner, puis égoutter sur un papier absorbant.

Tailler 4 morceaux de sanglier, bien les assaisonner puis les cuire dans une poêle avec un filet d'huile d'olive. Les saisir sur tous les côtés puis les débarrasser sur une petite plaque, filmer et maintenir au four à 50 °C.
Au moment de servir, faire revenir les morceaux au beurre mousseux.

DRESSAGE ET FINITION

Dresser harmonieusement dans une assiette plate: placer à l'aide d'un emporte-pièce la purée de chou rouge au centre. Poser l'échalote confite, avec une pincée de fleur de sel dessus. Déposer un petit morceau de cédrat confit, le sanglier, et finir avec des pousses de saison et les chanterelles.

Jean-Henri Pagnon
les couteaux en morta

Aventurier du marais, il a parié sur le passé pour en faire son avenir…

Tout commence à l'âge de bronze, alors que la Brière était une belle forêt de chênes, mais le temps faisant son ouvrage et les tempêtes leurs ravages, les arbres disparurent un à un, avalés par le sol tourbeux, laissant place au marais. Ainsi emprisonnés dans un sarcophage naturel, totalement à l'abri de l'air et de l'oxygène, les troncs se sont petit à petit chargés en silice; conservé, protégé, le bois en état de semi-fossilisation a pris toute sa noblesse pour devenir le morta, l'un des trésors de la grande Brière.

Jean-Henri Pagnon fait son entrée dans le paysage, il y a une quinzaine d'années. L'homme est cadre formateur au sein du groupe Tyco; sa passion: les lames affûtées des couteaux de collection. Mais il aime avant tout la Brière, et y vadrouille dès que la vie lui en donne l'occasion. Admirant les grandes étendues d'eau, il rêve d'un couteau marqué par l'aspect rude du marais, délicat et rond comme sa lumière, il se surprend à imaginer les mains robustes, agrippées à l'objet, pour tailler le roseau ou le filet, sur cette terre de chasse et de pêche. Dans son atelier, à l'abri de son jardin, il « bricole », comme il dit. Autodidacte, il s'instruit, essaie, forge quelques lames, sculpte des manches, décortique puis remonte des Opinels, il veut tout savoir, et la conception du véritable couteau brièron le hante jour et nuit.

C'est alors que le sort lui offre un roman: *La Brière* d'Alphonse de Chateaubriant; Jean-Henri le dévore, découvrant les secrets les plus noirs de ce doux paysage tant aimé. Mais un détail, un tout petit détail, va bouleverser son parcours. L'auteur nous parle du morta, il raconte ce bois fossilisé qui est enfoui depuis des siècles sous la vase, emprisonné dans la tourbe, claquemuré dans l'histoire… Voilà, il la tient, sa mémoire!

Aussitôt il dépose la marque, et se lance dans l'aventure: en septembre et en octobre, alors que le niveau du marais est au plus bas, il sonde le sol à la recherche des souches, puis il creuse à la pelle pour enfin remonter sa merveille à l'aide d'un treuil. Là encore, il teste, interprète, déchiffre chaque soubresaut du bois, quand il sèche, se rétracte, bouge; la matière est vivante, et il va mettre du temps à traduire la renaissance de ce corps enfoui depuis tant d'années.

Enfin ça y est, il sait! Ou du moins, il a atteint une certaine vérité; il découpe les troncs en plateaux, puis le bois tendre est laissé 3 ans à l'abri, bien aéré, il faut attendre encore qu'il sèche, doucement, de manière harmonieuse, afin qu'il n'éclate pas ou du moins un minimum. Enfin, il récupère la substance, le cœur du bois, la matière noble; bien entendu la perte est grande et seuls 20 % sont exploitables, mais quel bonheur!

Son premier essai est rondelet, il a des traits communs avec ceux qu'il a tant étudiés, mais JHP à besoin de trouver son style, il veut donner le meilleur à la Brière, et se remet à l'ouvrage, construit, oublie, dessine, efface, jusqu'au jour où il tient enfin son sujet. En 2011, il prend le risque et s'adonne corps et âme à sa petite entreprise, c'est un succès, mais l'homme avide de nouveauté continue son exploration et sa mise en lumière du couteau brièron, multipliant les vidéos et les reportages mettant en scène son travail: il entre dans la mémoire du marais.

Depuis 3 ans, son atelier s'est déporté de l'autre côté de la route, juste en face; il s'est étoffé, en même temps que la gamme proposée, et une petite poignée d'employés sont venus rejoindre la team formée initialement de Jean-Henri et de son fidèle compagnon, son setter Gordon Figaro.

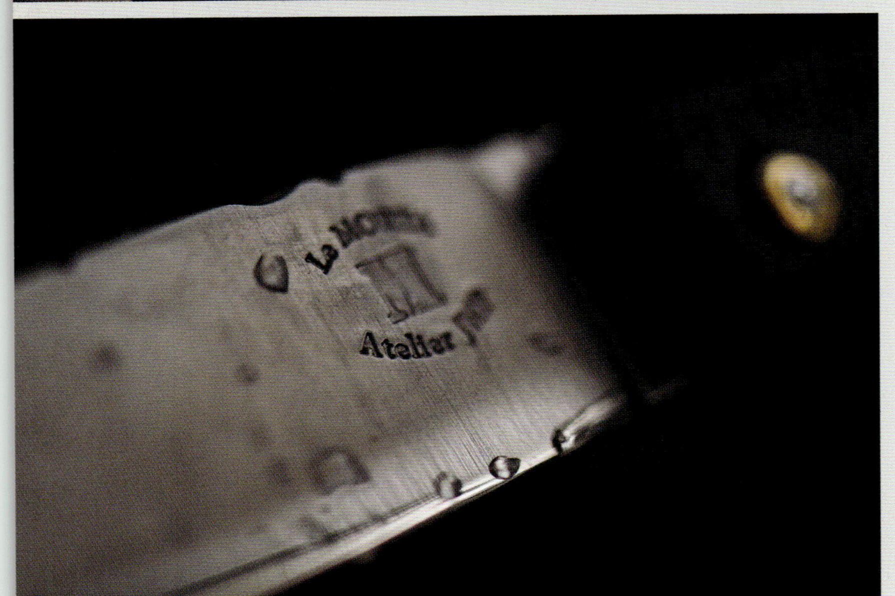

Pour Jean-Henri, le Marais est devenu son intimité et l'essence de son ordinaire, il ne démarre jamais sa journée sans y faire un tour, comme une oraison à la nature qui le nourrit et l'inspire.

Passionnés de chasse, de pêche, de Brière et de beaux objets, il était tout naturel que nos chemins se croisent, et je n'ai pas perdu de temps pour acquérir l'une de ses premières créations en morta — celui-ci d'ailleurs reste mon compagnon de cuisine à la maison — mais il faudra attendre encore un peu pour que, dans ma réflexion autour de l'art de la table à *La Mare aux Oiseaux*, je retourne frapper à sa porte. L'idée lui plaît, bien entendu. L'homme est allègre et la vitesse à laquelle il évolue, son sens de la créativité et du détail me laissent pantois. Pour mon projet, l'ami Pagnon fait appel à une école de design à Nantes et lance un concours autour du couteau de table en morta. Le modèle me séduit séance tenante et aujourd'hui, nous vous le proposons comme compagnon de repas, dans vos mains délicates et attentionnées; il rentre à nouveau dans l'histoire, mais n'oubliez jamais que 5000 ans vous précèdent...

Les valeurs de JHP: faire son ouvrage avec la plus grande honnêteté possible, conserver le même enthousiasme passionné, qui le pousse à toujours chercher à s'améliorer, aujourd'hui avec un réel esprit d'équipe, et surtout sans jamais se prendre trop au sérieux.

Avec ma baguette magique

Il ferait un saut de quelques années en arrière pour déposer tous les noms de domaine et éviter de voir quelques indélicats vendre du chêne des marais bulgares sous le nom de morta.

LE PRODUIT

La gamme des couteaux Morta s'est agrandie en quelques années, allant jusqu'à offrir une belle sélection pour la cuisine et JHP propose aujourd'hui trois qualités de lames:

- L'inox, acier Sandvick, le plus commun, au coupant remarquable.
- Le brut de forge, un acier forgé à la main, qui revêt une jolie patine avec le temps qui lui donne un aspect authentique.
- Le damas, qui possède un pouvoir de coupe exceptionnel: pas moins de 180 couches d'acier inoxydable qui sont assemblées, puis révélées au travers d'une recette mêlant l'acide, la soude et le chlorure de fer; la cuisine étoilée de la coutellerie.

Le MORTA
Atelier JHP

JEUNE POIREAU PRIMEUR, IMPRESSION MORTA*

Pour 4 personnes

4 poireaux primeurs
1 c. à s. d'encre de seiche
0,5 l de bouillon de légumes
et coquillages
1 c. à s. de sauce soja Kamebishi
3 ans d'âge

1 c. à s. d'œufs de truite
1 c. à s. d'œufs de saumon
1 c. à s. d'œufs de poisson volant
au Wasabi

Vinaigrette vert de poireaux
le vert des poireaux
15 cl d'eau gazeuse
1 piment oiseau
10 cl d'huile d'olive aux saveurs
vertes et piquantes
3 grains de poivre de Kampot
5 cl de vinaigre de riz
1 pointe de couteau de xanthane

100 g de crème double
de la ferme du Bois Joubert
4 haricots de mer frais

Divers
huile d'olive, poivre du moulin,
sel de Guérande

À La Mare aux oiseaux, *je n'ai pas de plat signature, mais s'il en fallait un, ce serait celui-ci!*

Nettoyer et tailler les poireaux tout en prenant soin de conserver le vert.
Mélanger le bouillon avec l'encre de seiche et la sauce soja, puis rectifier l'assaisonnement.
Placer les poireaux dans un sac sous-vide, y verser le jus noir, puis faire le vide et laisser reposer à température ambiante.

Cuire en vapeur pendant 20 à 25 minutes en fonction de la taille des poireaux, puis glacer et laisser maturer 2 à 3 jours au frais.

VINAIGRETTE VERT DE POIREAUX

Laver les verts de poireaux, puis les mettre dans le bol d'un Thermomix® en y ajoutant l'ensemble des ingrédients de la recette.
L'émulsion doit être stable et bien verte, rectifier l'assaisonnement (le xanthane sert juste à stabiliser l'émulsion).
Conserver au frais.

DRESSAGE ET FINITION

Tailler les poireaux en deux dans le sens de la fibre, puis bien les arroser avec le jus de cuisson: ils doivent être d'un noir parfait et profond.
Poser les deux demi-poireaux dans l'assiette, ajouter une belle quenelle de crème double. Assaisonner le mélange d'œufs de poisson avec une bonne huile d'olive, poivre du moulin, et déposer une belle cuillère à café sur la crème. Finir avec un haricot de mer frais et servir avec la vinaigrette au vert de poireaux.

* Voir « Jean-Henri Pagnon, les couteaux en Morta », page 165.

SOT-L'Y-LAISSE CONFITS, COMME L'IMPRESSION D'UN VOYAGE AU SÉNÉGAL…

Pour 4 personnes

20 sot-l'y-laisse de poulet fermier
200 g de gros sel gris de Guérande
500 g de graisse d'oie
1 branche de thym
Une peau de poulet fermier

Jus d'oignon
8 oignons
2 l d'eau de source
4 clous de girofle
1 c. à s. de cumin
2 bâtons de cannelle
1 cardamome noire

Pickles de graines de moutarde
30 g de graines de moutarde blonde
30 cl de bouillon de volaille
ou de légume
10 cl de vinaigre de riz
0,5 l d'eau de source
15 g de miel de nos ruches

Pétales d'oignon blanc
1 botte de petits oignons
blancs nouveaux

Gel d'oignon
2 oignons
1 l d'eau de source
1 piment oiseau déshydraté
4 g d'iota carraghénane
(gélifiant naturel)

Divers
1 citron vert, 1 citron jaune, feuilles de roquette ou pousses de moutarde, poivre noir de Madagascar du moulin, fleur de sel de Guérande, huile olive, sauce huître, piment d'Espelette

L'Afrique de l'Ouest, si chère à mon cœur, souvenir du poulet Yassa à Toubacouta en hommage à Yannick pour ces derniers moments de partage.
L'envie de dessiner un plat de là-bas avec les produits d'ici, tout en regardant les navires qui s'éloignent vers le large au port de Saint Nazaire…

JUS D'OIGNON (LA VEILLE)
Préchauffer le four à 250 °C.
Déposer 10 oignons dans un plat profond allant au four, les recouvrir d'une feuille d'aluminium, puis enfourner pendant une heure.
Retirer le papier aluminium, puis remplir le bac avec 2 litres d'eau de source afin de couvrir les oignons. Ajouter les épices, 1 cuillère à soupe de sauce huître et enfourner de nouveau à 90 °C et cuire 7 heures.
Sortir le bac du four et le laisser refroidir à température ambiante, puis passer le jus au chinois et conserver les oignons. En réserver deux pour le gel.
Si besoin, remettre le jus à réduire pour obtenir un jus sombre et concentré en saveurs, sinon rectifier l'assaisonnement et conserver au frais.

PICKLES DE GRAINES DE MOUTARDE (LA VEILLE)
Faire tremper les graines de moutarde une nuit dans le bouillon afin qu'elles se réhydratent.
Le lendemain, les égoutter et les mettre à cuire à feu doux dans l'eau, le vinaigre, et le miel pour obtenir une belle graine gonflée et dorée à souhait. Conserver au frais dans le liquide de cuisson.

SOT-L'Y-LAISSE
Nettoyer les sot-l'y-laisse, puis les mettre au sel pendant 10 minutes à température ambiante.
Les rincer et les sécher soigneusement, puis les mettre à confire dans la graisse d'oie avec la branche de thym pendant 30 minutes à 60 °C (nous réalisons cette opération sous vide et au thermoplongeur).
Laisser ensuite les sot-l'y-laisse refroidir dans la graisse.

PURÉE D'OIGNON
Récupérer l'intérieur des oignons qui ont servi à faire le jus, les mettre dans le Thermomix® avec une demi-cuillère à soupe de sauce huître, une pincée de piment d'Espelette. Mixer pour obtenir une fine mousseline. Rectifier l'assaisonnement et conserver au frais.

PÉTALES D'OIGNON BLANC
Nettoyer les petits oignons et supprimer les fanes. Cuire les oignons sous vide avec un peu de sel et de poivre et un filet d'huile d'olive pendant 45 minutes à 90 °C.
Les refroidir.
Tailler les oignons en 2, brûler la surface plate au chalumeau et les effeuiller afin d'obtenir des pétales réguliers. Conserver au frais.

CROUSTILLANT DE PEAU DE POULET
Étaler la peau de poulet sur une plaque recouverte d'un papier cuisson, bien assaisonner en insistant un peu sur la fleur de sel de Guérande, recouvrir d'un autre papier cuisson, puis d'une plaque et enfourner 10 minutes à 210 °C.

Laisser refroidir entre les plaques mais hors du four.
Tailler de petits triangles et conserver au sec, ajouter de la fleur de sel si besoin pour obtenir l'effet chips.

GEL D'OIGNON

Prendre les deux oignons brûlés mis de côté pour le jus, les tailler en 2, puis ajouter le piment oiseau et 1 l d'eau de source. Porter à ébullition pendant 15 minutes.
Laisser infuser jusqu'à total refroidissement.
Passer au chinois puis remonter en température jusqu'au frémissement, ajouter l'iota, donner une ébullition, puis conserver au frais.

DRESSAGE ET FINITION

Snacker les sot-l'y-laisse rapidement à la plancha afin de les colorer et de les réchauffer. Dans une assiette creuse, déposer une quenelle de purée d'oignon, verser un fond de bouillon à température ambiante.
Garnir avec les sot-l'y-laisse rôtis, agrémentés d'une chips de peau de poulet, et de quelques feuilles de roquette ou de pousses de moutarde, et de quelques fleurs afin de parfumer le plat. Râper le zeste des deux citrons, donner un dernier tour de moulin à poivre et déposer les pétales d'oignon blanc garnis de quelques graines de moutarde recouvertes de gel d'oignon.

Déborah Hamon
les Jardins d'Athénaïse, productrice d'escargots

Sa maison et son mari sur le dos, elle fait le pari de quitter Paris, pour élever quelques farfadets au cœur de la forêt…

Dans la famille, ce sont les femmes qui l'emportent; fortes et passionnées, elles sont tournées vers la nature. Ainsi, de grand-mère en grand-mère, Déborah pousse au gré des saisons, arrosée de mille histoires de plantes, d'arbres et de récoltes. Forte de ce bon traitement, la petite fille grandit et réussit; la voilà bien en place dans sa bulle parisienne, rythmée par les marées d'un dur labeur de directrice de communication dans l'industrie aéronautique; elle gère sa petite équipe, comme sa famille, en working girl.
Mais le vent du large lui souffle une autre comptine à l'oreille, les sirènes de sa jeunesse sur la côte, les embruns, le chant des oiseaux… Dans le brouhaha de la capitale, la décision est prise. Déborah jette sa casquette de maîtresse femme pour s'asseoir de nouveau sur les bancs de l'école. Attentionnée, décidée, elle enchaîne un BTS en agronomie, suivi d'une formation en héliciculture, puis en permaculture et enfin en apiculture.

Fin prête, c'est à la lisière de la Brière qu'elle pose son baluchon, dans un sous-bois de chênes. À la frontière entre Saint-André-des-Eaux et Saint-Lyphard, elle va déraciner et préparer la terre sans jamais céder à l'appel du motoculteur, tout se fera à la force des bras pour préserver les vers de terre. La jeune femme ne s'arrête pas là, il lui faut un laboratoire, elle trouve un vieux hangar, le retape et se lance enfin dans l'aventure.

Le projet initial est une trilogie: les plantes aromatiques, la bave d'escargot et la gelée royale pour le médical et la cosmétique, mais autodidacte, il lui faut commencer à la base. Alors elle sème dans ses œillets de verdure, à la fraîcheur du sous-bois, de l'herbe oui, mais aussi du thym, du serpolet et de l'estragon, jouant sur l'équilibre précieux entre la lumière, la chaleur et l'humidité.
En mai dernier, elle dépose les premiers naissains derrière les filets, à l'abri de la canopée verte et fertile, 100000 petits êtres à cornes, si petits, si fragiles. Avec amour, bercée par le frémissement des chênes, animée par l'ombre mouvante baignée dans la lumière caressante du sous-bois, elle observe la croissance de l'escargot.

Quel chemin depuis l'agitation frénétique d'hier!
En juillet, l'heure a sonné. Fouillant l'herbage, elle cueille enfin le fruit de son désir, choisissant un à un le gros gris à maturité, auscultant la bordure de chaque casquette de nacre, traquant l'animal avant la reproduction. Une fois dans son panier, les cagouilles sont mises à jeûner pendant un mois, puis, il faut les saisir une première fois pour leur ôter la vie, les décoquiller une à une, retirer les organes procréateurs et les déchets organiques. Vient ensuite le brassage pour les faire baver, puis il faut les blanchir à nouveau et les calibrer, avant de pouvoir enfin les stocker pour de futures préparations. Toutes ces opérations, Déborah les exécute seule, animée d'une pétulance sans faille. Heureuse de cette base alimentaire encore éloignée de ses envies de cosmétique qui la passionne alors.

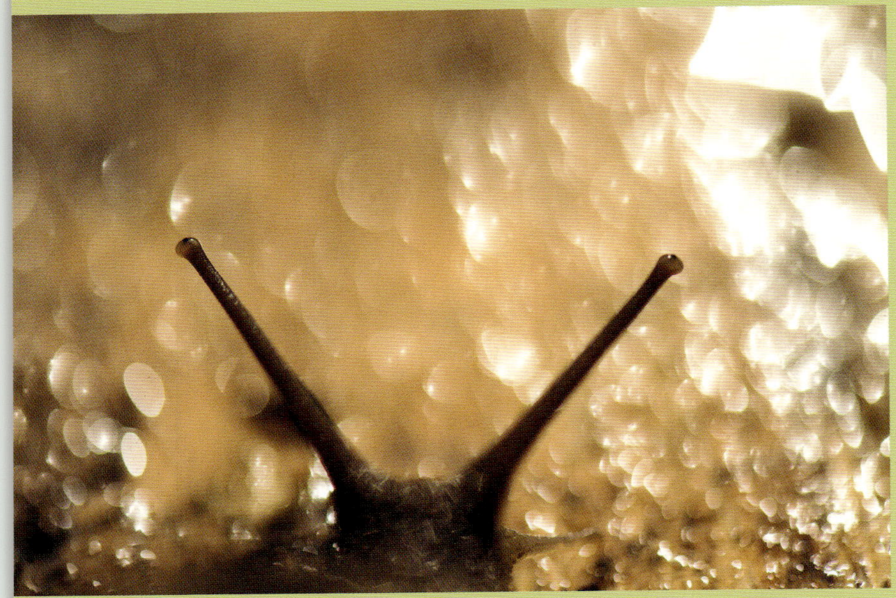

À partir de novembre, c'est au labo qu'elle se donne pour terminer la préparation des 65000 petits protégés ainsi mis de côté. Farcis au beurre d'escargot, mixés en tartinade, ou pour agrémenter un cake, là aussi la jeune femme se cherche et s'amuse d'expériences nouvelles qu'elle propose sur les marchés de la région.
Faisant face au temps qui nous attend, je profite de cette crise du Covid 19 pour construire demain.
Prenant toutes les précautions nécessaires pour cette première rencontre — en pleine nature — accompagné de Benjamin, c'est avec une joie sans retenue que nous nous communiquons notre flamme. Dernière arrivée, sur le fil d'une future collaboration, évidente avant même qu'elle ne débute. Chemins croisés, déclic, glissant de la fièvre à la patience, du matériel au naturel, Déborah est l'esquisse parfaite des portraits partagés dans cet ouvrage.

Ses valeurs soutiennent une franche détermination dans le choix et la volonté d'être libre comme l'oiseau dans son environnement.

Avec ma baguette magique
Elle se projette juste un petit peu vers demain et lance ses deux prochains projets. Le premier: une serre de type — pratique qui vient de Bolivie — semi-enterré, qui profite de l'inertie du sol pour conserver une température constante toute l'année et produire ainsi tous ces naissains.
La deuxième, c'est la création d'une ferme pédagogique pour transmettre aux enfants sa passion du monde vivant.

BONBON D'ESCARGOT

Pour 8 bonbons

8 escargots cuits
de chez Déborah Hamon

8 feuilles de pousses d'épinard
mélange d'herbes du jardin:
origan, menthe, tagette, agastache,
thym, romarin, fenouil, etc.

Gel d'agastache
200 g d'eau gazeuse
5 g d'agastache
2 g d'agar-agar

Divers
sel et fleur de sel de Guérande,
huile d'olive, poivre du moulin,
sauce huître

Croquez et retrouvez-moi instantanément sur les bords du marais.

GEL D'AGASTACHE
Dans le Thermomix®, mixer l'agastache avec l'eau gazeuse pendant une minute à vitesse 10.
Mettre dans une casserole un quart du mélange, le porter à ébullition et incorporer l'agar-agar. Assaisonner et incorporer le reste du mélange. Mixer à l'aide d'un mixeur plongeant et débarrasser dans une pipette.

ESCARGOTS
Blanchir les feuilles d'épinard dans une casserole d'eau bouillante environ 10 secondes, puis refroidir directement, égoutter et bien sécher.
Dans un petit récipient, mettre les escargots assaisonnés et ajouter un filet d'huile d'olive.
Étaler les feuilles d'épinard, déposer sur chacune d'elle un escargot et recouvrir des herbes du jardin préalablement lavées. Refermer en formant des petits bonbons, puis les poser sur le plateau vapeur du Thermomix®. Les cuire 4 minutes/Varoma®/vitesse 2, saler et poivrer.

DRESSAGE ET FINITION
Dresser sur des petites assiettes individuelles, poser délicatement un escargot, avec une pointe de gel d'agastache et une petite herbe en finition. Servir tiède.

ROUGET, PETITS-GRIS, RIZ NOIR

Pour 4 personnes

2 beaux rougets de 400 g chacun

Jus de riz noir
100 g de riz noir
3 échalotes
200 g de vin blanc
2 g de poivre de Jamaïque
1 piment oiseau
3 l d'eau plate
60 g de beurre demi-sel

100 g de riz noir
1 oignon
5 g de persil plat
2 g de ciboulette
30 g de beurre

12 gros escargots
de chez Déborah Hamon
50 g de fond blanc
30 g de beurre

Divers
sel et fleur de sel de Guérande,
huile d'olive, poivre du moulin,
sauce huître, pousses de saison

On l'appelle la bécasse des mers, je voulais le transporter dans un univers de sous-bois. Pour le nourrir, j'ai tout simplement disposé quelques escargots sur son chemin.

Écailler les rougets délicatement et les vider tout en conservant les foies. Lever les filets puis enlever les arêtes, bien les nettoyer et les sécher à l'aide de papier absorbant.

JUS DE RIZ NOIR
Dans le Thermomix®, faire fondre le beurre, ajouter les échalotes émincées, le riz et laisser cuire à 110 °C pendant 3 minutes. Déglacer au vin blanc, incorporer les épices et une cuillère à soupe de sauce huître, puis cuire 10 minutes. Mouiller à l'eau, puis cuire 50 minutes. Mixer une minute à vitesse 10. Rectifier l'assaisonnement.

RIZ NOIR
Cuire environ 25 minutes le riz noir dans un grand volume d'eau salée. Le temps de cuisson est plus important que celui d'un riz normal. Égoutter et débarrasser le riz.
Hacher très finement la ciboulette ainsi que le persil plat.
Éplucher et tailler l'oignon en fine brunoise.
Dans une poêle chaude, faire fondre le beurre et faire sauter le riz quelques minutes, puis ajouter l'oignon ainsi que les herbes hachées. Rectifier l'assaisonnement.

Dans une petite casserole, mettre à bouillir le fond blanc, puis incorporer le beurre en remuant à l'aide d'un fouet. Plonger les escargots dans le beurre monté puis les maintenir au chaud.

DRESSAGE ET FINITION
Cuire le rouget dans une poêle avec de l'huile d'olive, à feu moyen, à l'unilatérale, 2 minutes. Saler et poivrer, couper le feu puis retourner le rouget, qui va finir de cuire tout doucement.
Dresser harmonieusement dans une assiette creuse: poser délicatement le riz, puis le rouget sur le dessus, ainsi que les escargots. Finir avec le jus de riz noir puis de jolies pousses de saison.

GRENOUILLE, PETIT-GRIS, NUAGE DE POMME DE TERRE

Pour 4 personnes

100 g de grenouille
16 escargots cuits
de chez Déborah Hamon

200 g de pommes de terre bleues
100 g de fond blanc
50 g de beurre demi-sel

80 g de pain de mie
60 g de beurre demi-sel

Pickles d'oignon rouge
1 oignon rouge
50 g de vinaigre de riz
50 g de mirin

Siphon de pomme de terre
250 g de pommes de terre
à chair farineuse
50 g de lait
50 g d'huile d'olive
100 g de crème liquide
1 cartouche de siphon

1 citron caviar

8 grains de poivre vert
1 échalote ciselée
2 g de ciboulette ciselée
mouron-des-oiseaux
oseille
pousses de moutarde

Divers
sel et fleur de sel de Guérande,
poivre du moulin, huile d'olive,
sauce huître

Sous la surface ou dans sa coquille, il est parfois nécessaire de se protéger du monde extérieur…

GRENOUILLES

Cuire les grenouilles entières sur une plaque 5 minutes au four vapeur, puis les décortiquer encore tièdes — c'est plus facile. Réserver dans une boîte.

Éplucher les pommes de terre, les tailler en dés réguliers puis les mettre dans l'eau. Bien les rincer.
Dans une casserole, mettre le fond blanc puis porter à ébullition et monter au beurre. Cuire les pommes de terre dans le mélange 4 minutes: elles doivent rester encore croquantes. Réserver.

Tailler le pain de mie en cubes réguliers, puis les sauter au beurre dans une poêle en mélangeant très régulièrement afin d'obtenir une coloration homogène. Saler en fin de cuisson.

PICKLES D'OIGNON ROUGE

Éplucher l'oignon, puis le couper en 2. Tailler de fins filaments, les mettre dans une boîte.
Dans une casserole, réunir les liquides puis les porter à ébullition. Verser ce mélange sur les oignons.

SIPHON DE POMME DE TERRE

Éplucher les pommes de terre et les couper en gros morceaux. Les mettre dans une casserole, remplir d'eau à hauteur, saler et cuire 45 minutes.
Dans le Thermomix®, mettre les pommes de terre avec les autres ingrédients, rectifier l'assaisonnement. Mixer 2 minutes à vitesse 10, passer le mélange au chinois, le verser directement dans un siphon, puis gazer.

Ouvrir délicatement le citron caviar avec la pointe d'un couteau, puis en extraire le caviar et le débarrasser dans un petit pot.

DRESSAGE ET FINITION

Dans une poêle avec un morceau de beurre, faire revenir les escargots ainsi que les grenouilles 2 minutes. Finir avec l'échalote et la ciboulette, puis mettre le mélange au fond de l'assiette avec les morceaux de pomme de terre chauds, recouvrir généreusement avec le siphon de pomme de terre chaud. Déposer (rapidement pour ne pas que cela retombe) les croûtons, le caviar de citron, le poivre vert et toutes les herbes.

Nicolas Guérin
éleveur de Bretonnes Pie Noire en Brière

Paysan de cœur, homme de la terre, on décrypte pourtant dès la première rencontre toute la profondeur du ciel caché dans l'azur de ses yeux.

Jeune étudiant en histoire de l'art, musicien pour le plaisir, il découvre la littérature quand un ami lui offre *Voyage au bout de la nuit* de Céline. Bouleversé par les mots, il décide alors de s'enfermer dans sa chambre de bonne pour lire et ne subvient à ses besoins que par un petit boulot de pion dans un lycée. L'aventure dure 3 ans. S'ensuit une autre parenthèse en tant qu'intermittent du spectacle, pendant laquelle Nicolas est ingénieur du son, notamment au Théâtre national de Bretagne. Mais lors des tournées et des voyages à travers les villes de France, son amour pour l'art et l'histoire ressurgit brutalement.

Enflammé, avide d'apprendre, et féru de l'époque moyenâgeuse, il décide de passer un CAP en menuiserie chez les Compagnons, et se lance le cœur en joie dans la restauration et la copie de meubles anciens. Mais le sort frappe à sa porte et il perd son papa, âgé de 61 ans, alors qu'il est justement depuis peu au cœur d'une véritable rencontre avec celui-ci. Le choc est violent, Nicolas s'isole une année à la campagne dans des conditions précaires, pour se retrouver. Il a 30 ans et rencontre celle qui deviendra sa femme, Marika, mais l'ombre de quelques soucis de santé l'oblige une fois encore à modifier son chemin de vie.
Le voilà dans les bureaux, il est dessinateur, spécialiste en bâti ancien, et l'empreinte humaine devient son fer de lance, le passage de témoin de sa détermination. Avant-gardiste, il décortique la technique pour la mettre au service de l'éthique. Il dissèque, fouille, potasse le travail ancien de la terre et du bois pour le transposer dans notre monde contemporain. Toujours à la recherche d'une certaine vérité d'hier, il donne un nouveau sens à notre futur. Sa force, il la puise dans le souvenir de ses grands-parents, dans cette ferme du XIXe non loin du Mont Saint-Michel où, petit, il s'émerveillait de voir son aïeul laisser le tracteur dans la grange pour travailler le sol avec les chevaux. Au travers de ses recherches, il se rend compte de l'évolution de notre agriculture et de notre culture ; les grandes tablées à la ferme lui manquent, la famille, les odeurs de lait, le poulet fermier… Enfermé dans son corps malade, il rêve de liberté, l'envie est là mais comment s'échapper ?

Marika, de son côté, est éprise de couture, elle travaille à Quiberon dans un magasin de prêt-à-porter de luxe, mais la boutique ferme. De retour à Rennes, elle sautille d'échoppe en échoppe sans jamais trouver son équilibre.
Le couple est en phase, nous sommes en 2012 quand Nicolas entre en formation agricole. Le hasard des rencontres le catapulte dans l'alpage suisse ; il est là pour apprendre le fromage, mais il est engagé en tant que vacher ! Le cœur à l'ouvrage, donnant sans compter, le jeune profane fait rapidement partie de la famille, et après son travail du jour, on lui ouvre la porte sur les secrets fromagers. Il prend son apprentissage à l'envers, commençant par l'affinage pour remonter, de semaine en semaine, de temps libre en temps libre, toutes les étapes de la fabrication. En montagne, la nature, les animaux, son travail et la vérité des hommes, tout est à sa place, il est conquis, mais au bout de 5 mois, Marika l'arrache, un peu malgré lui, à son état d'apesanteur.

De retour à la ville, il conserve une phrase au fond de lui: « le fromage doit être bon, mais il doit, avant tout, être beau… ». Il médite longuement la question et finit par en déduire que le soin apporté à chaque étape de la conception donne la beauté finale. Cette intention va devenir son nouveau tempo, il en aime le rythme, qui le rattache à la musique, et va donner un sens à sa vie. Le couple se met alors à la recherche d'une ferme authentique à reprendre, mais ils n'ont pas l'ombre d'une économie et la quête semble inaccessible. Nicolas en profite pour faire des remplacements par-ci par-là et continue à se former.

Enfin, ils ont une opportunité dans les monts d'Arrée, la bâtisse est en ruine mais l'entourage bienveillant leur offre une aide pour s'installer. C'est à cet instant que le destin décide de frapper une nouvelle fois. La Chambre d'agriculture de Loire-Atlantique leur propose de reprendre une ferme en activité sur de la race ancienne en Brière. L'adéquation est trop belle, ils n'en croient pas leurs oreilles, et la rencontre avec les cédants, Jacques et Marie, est décisive: ce sera là! Sans argent, la tâche est ardue, les banquiers les chahutent, mais ils s'accrochent et résistent, chaque jour valant sa peine; ne relevant pas la tête de leur ouvrage, cinq années passent.

Avec Nicolas, nous nous sommes bien croisés une fois, il devait me déposer un échantillon pour un journaliste, et l'échange fut bref: « Non! Pas possible je n'ai rien à vous vendre… ». Sans aucune autre forme de procès, incisif, net et profond. Mais quand Benjamin, mon assistant, commence son sourcing autour de *La Mare aux Oiseaux*, c'est tout naturellement que je l'envoie gratter à la porte de la ferme du Bois Joubert (voir page suivante). Quelle bonne idée! Il en revient avec un pot de gwell.
Je découvre le produit qui devient un ingrédient récurrent dans ma cuisine, alors pas à pas, je prends sur moi pour revenir à mon tour sur les terres de l'ogre Nicolas.

Cette fois-ci, c'est la simplicité et la vérité d'une rencontre passionnée et sans artifice qui fait le reste. Pour ma part, je souligne bien au maître des lieux que je ne lui impose aucune quantité et encore moins de régularité, c'est à moi de m'adapter à son travail, pas à lui. Quant à la livraison, elle est assurée par Benjamin qui passera tous les mercredis et tous les vendredis. Il en profitera pour noter s'il y a des produits disponibles pour nous la semaine suivante.
Nos têtes à têtes ont un effet de déclic qui libère chez ce terrien les liens fortement noués autour de l'héritage et de sa formation; depuis, il se lance de nouveaux défis, se prend au jeu de la créativité, a changé son mode de traite

pour embaucher et se dégager du temps pour la réflexion. Je reste, pour mon plus grand bonheur, son regard extérieur, et nous avançons, à quelques battements d'ailes au-dessus de la Brière, dans une relation humaine d'échange et de passion.

Ma connexion avec les Pie Noire de la Ferme du Bois Joubert et leurs éleveurs ont pas mal chamboulé ma cuisine — en dehors du gwell, cette gourmandise vivante et fragile —, j'ai moi aussi remanié certaines vérités personnelles. Ça faisait longtemps que je n'utilisais plus de laitage, certainement par manque de connaissance, mais avec Nicolas, j'ai découvert les vertus de ces vaches et, depuis, j'explore toutes les utilisations possibles de leur récolte immaculée.

Humainement, je partage avec lui l'ancrage à la terre et ses valeurs fondamentales, comme le respect de l'équilibre du vivant: « En tant que paysan, je vis avec cette perception que la nature qui m'entoure est construite, elle n'est pas sauvage, chaque arbre, chaque haie est plantée pour délimiter, souligner, je suis conscient de l'héritage et de la responsabilité forte qui m'incombent. Tout comme je suis pleinement lucide sur ma responsabilité de vie et de mort sur mes compagnons... ».

Ainsi, à la Ferme du Bois Joubert, les veaux ne sont pas séparés de leurs mères pour êtres vendus rapidement, ils sont menés à maturité pour devenir de véritables bœufs élevés en plein air, et donnent une viande d'exception au bout de 3 ans. Cet accomplissement, Nicolas ne le prend pas non plus à la légère et accompagne ses bêtes jusqu'à l'acte sacrificiel. Pour les vaches les moins productives, pas d'abattage non plus, elles sont dirigées vers des troupeaux d'allaitantes.

Aujourd'hui plus que jamais, la Brière inspire Nicolas et Marika dans leur quotidien, ils vivent de l'autre côté, dans le marais de Donges, c'est dans cette partie plus bocagère qu'ils trouvent leur équilibre dans le partage de l'eau, de la terre et des arbres. Là, leur fierté, c'est de résister, de voir Joseph, leur tout jeune fils, s'épanouir, de recevoir chaque semaine leurs clients à la ferme et d'avoir enfin réussi à embaucher deux personnes (des femmes).

Nicolas porte en lui un rêve profond, celui de faire comprendre l'importance de l'équilibre dans nos assiettes en construisant une chaîne de bienfaisants dans le collectif. Pour ce faire, il cherche à travailler, non pas pour son nom, mais pour la race, il vient de monter une association pour la sauvegarde du gwell dont il est le président, et rêve d'inscrire un fromage au patrimoine régional.

Avec ma baguette magique
Il transforme nos valeurs numériques pour redonner un sens naturel à toute choses, et remettre en scène de véritables valeurs saines et vivantes.

LE PRODUIT

Virginal, affichant le blanc presque impeccable de l'innocence, auréolé du bon gras de l'animal, le gwell arrive dans ma cuisine comme la neige nouvelle sur la roche; limpide, duveteux, presque immaculé, se jouant de notes fraîches, autant acidulées qu'herbacées. C'est un peu l'âme primitive d'une Bretagne historique alternant savoir-faire et gourmandise régressive.
Il se raconte dans nos campagnes, qu'autrefois le gwell ou gros lait — *laez-teo* — s'obtenait en laissant la bouteille au milieu du champ, permettant ainsi aux ferments de se développer. Chacun conservait son secret de fabrication, sa recette de grand-mère.
Aujourd'hui, ils ne sont plus que quelques-uns à transmettre les saveurs de ce levain naturel. Nicolas en fait partie, pour mon plus grand bonheur, pour le gwell bien entendu, mais également pour la qualité de ses fromages, qu'il ensemence avec le précieux laitage.

COQUILLES SAINT-JACQUES, GALETTE BRETONNE, MOUSSELINE DE POMMES ET BOUDIN NOIR

Pour 4 personnes

8 coquilles Saint-Jacques

Mousseline de pommes
6 pommes bio de Missillac
20 g de beurre demi-sel

Jus de bardes
bardes de Saint-Jacques
3 échalotes
épices à griller:
½ c. à c. de fenugrec torréfié
1 c. à c. de graines de fenouil torréfiées
1 c. à c. de cumin torréfié
1 c. à c. de sésame torréfié
1 piment oiseau
2 g d'ajowan
500 g de vin blanc
1 l d'eau de source
1 sachet de dashi ayu (Nishikidôri)
5 pistils de safran du Morbihan

2 galettes de blé noir bio
30 g d'anguille fumée
100 g de boudin noir fermier

50 g de gwell
4 tranches de lard di Colonnata

Divers
sel et fleur de Guérande,
huile d'olive, poivre du moulin,
sauce huître, pousses de saison

De Bretagne en Brière, une terre de caractère.

SAINT-JACQUES
Ouvrir et décortiquer les Saint-Jacques, conserver les bardes pour pouvoir en faire un jus. Mettre les noix sous vide, ajouter sel, poivre du moulin et huile d'olive. Cuire au thermoplongeur 20 minutes à 48 °C, puis refroidir directement dans de l'eau glacée.

MOUSSELINE DE POMMES
Éplucher les pommes, les couper en 2, enlever les pépins.
Dans le Thermomix®, faire fondre le beurre, ajouter les pommes et cuire 30 à 40 minutes en mijotage. Mixer 30 secondes, débarrasser en poche à pâtisserie puis réserver au frais.

JUS DE BARDES
Nettoyer les bardes en enlevant la partie noire, puis les passer 2 à 3 fois sous l'eau froide en frottant bien pour enlever le sable. Les égoutter et les sécher dans un linge propre.
Dans une casserole, laisser fondre les parures de lard blanc, saisir les bardes, incorporer les échalotes coupées en gros morceaux ainsi que les épices à griller, le piment oiseau, l'ajowan et une peau d'anguille fumée. Laisser colorer en évitant de brûler les bords de la casserole.
Déglacer au vin blanc, ajouter l'eau de source, la sauce huître et le dashi.
Porter à ébullition, ajouter les pistils de safran, baisser le feu et laisser cuire 1 heure.
Passer au chinois. Remettre à réduire jusqu'à obtention d'un jus sirupeux.

Tailler les galettes avec un emporte-pièce de 10 cm puis les mettre entre deux plaques de cuisson et du papier sulfurisé. Cuire au four 15 minutes à 160 °C.
Tailler des petits morceaux d'anguille fumée.
Dans le bol du Thermomix®, mixer le boudin noir sans la peau une minute à vitesse 6 afin d'obtenir une pâte bien lisse. Débarrasser dans une poche à pâtisserie.

DRESSAGE ET FINITION
Tailler les noix de Saint-Jacques en 8.
Au centre de l'assiette, disposer quelques points de mousseline de pommes, procéder de même avec le boudin noir, mettre les morceaux de Saint-Jacques, poser dessus un disque de galette séchée, puis un morceau de lard blanc. Ajouter une cuillère de gwell, le jus de bardes et quelques pousses de saison.

ORMEAUX, POUCES-PIEDS

Pour 4 personnes

4 ormeaux cocktail

15 pouces-pieds de Belle-Île-en-Mer

Jus de céleri branche
150 g de céleri branche
1 g de poivre noir
1 piment oiseau
500 g d'eau gazeuse

Céleri rémoulade
150 g de céleri boule
1 jaune d'œuf
5 g de moutarde
80 g d'huile d'olive

Nuage de gwell
250 g de gwell
100 g de crème liquide à 35 % de matière grasse
2 feuilles de gélatine
1 g d'agar-agar
1 cartouche de siphon

Divers
sel et fleur de sel de Guérande, huile d'olive, poivre du moulin, sauce huître

D'une île à l'autre, deux produits phares et identitaires, que j'aime faire découvrir, accompagné du gwell de Nicolas, juste acidulé comme il faut. C'est totalement régressif.

ORMEAUX

Laisser les ormeaux mourir dans le bac à légumes pendant 48 heures.
Puis, à l'aide d'une cuillère, les recoquiller et les laisser rassir une nuit au frigo.
Le lendemain, enlever les intestins des ormeaux et les nettoyer sous l'eau.
Masser les ormeaux entre vos doigts afin de les détendre et de les rendre plus moelleux à la cuisson — environ 5 minutes par ormeau.
Les cuire 2 minutes dans une poêle avec du beurre mousseux, saler, poivrer.
Laisser reposer dans le four à 40 °C.

POUCES-PIEDS

Cuire les pouces-pieds 3 minutes au four vapeur puis les refroidir directement dans l'eau froide.
Les décortiquer en enlevant la petite membrane noire autour du pied en pinçant avec les doigts (elle s'enlève toute seule).

JUS DE CÉLERI

Réunir tous les ingrédients dans le Thermomix®, ajouter l'assaisonnement ainsi qu'une cuillère de sauce huître, mixer une minute à vitesse 10, puis passer au chinois étamine et rectifier l'assaisonnement si besoin.

CÉLERI RÉMOULADE

Éplucher le céleri boule, puis le tailler en fine julienne à l'aide d'un couteau ou d'une râpe.
Réaliser la mayonnaise: dans un cul-de-poule, incorporer le jaune d'œuf ainsi que la moutarde et monter l'émulsion à l'aide d'un fouet, saler et poivrer.
Mélanger le céleri à la mayonnaise, réserver.

NUAGE DE GWELL

Faire tremper la gélatine dans un récipient d'eau froide.
Dans une casserole, porter la crème à ébullition puis incorporer l'agar-agar, mélanger à l'aide d'un fouet. Ajouter la gélatine et le gwell, puis mettre le mélange dans un siphon, faire refroidir quelques heures puis gazer avec une cartouche.

DRESSAGE ET FINITION

Dans une assiette creuse, déposer la rémoulade à l'aide d'un petit emporte-pièce rond, puis les pouces-pieds préalablement assaisonnés d'huile d'olive. Verser autour le jus de céleri branche, mettre l'ormeau à côté sur sa coquille, puis finir au dernier moment avec le nuage de gwell, ainsi qu'un filet d'huile d'olive et une pincée de fleur de sel.

LOTTE
SAUCE POULETTE À LA TRUFFE, ENDIVES AU JAMBON

Pour 4 personnes

400 g de lotte
0,5 l d'huile d'olive
0,5 l de graisse d'oie

1 endive
20 g de jambon blanc de qualité bio

Sauce poulette à la truffe
1 poule
parures et/ou arêtes de lotte
1 vert de poireau
1 branche de céleri
1 oignon
1 clou de girofle
5 grains de poivre blanc
500 g de lait de traite du matin
200 g de fond blanc de volaille réduit
50 g de crème
20 g d'huile de truffe
3 g de brisures de truffe
80 g de beurre demi-sel

Okas du Pérou
8 okas du Pérou
50 g de beurre
300 g de bouillon de volaille

8 g de truffe noire
QS de cerfeuil

Divers
sel et fleur de sel de Guérande,
poivre du moulin, huile d'olive,
sauce huître, gomme de xanthane

Un plat pour les gourmands!
Je n'avais plus de coquillettes, il fallait trouver autre chose.

SAUCE POULETTE À LA TRUFFE
Dans une grande casserole, mettre la poule et les parures de lotte, le vert de poireau taillé en gros morceaux, le céleri branche et l'oignon. Ajouter les épices, mouiller à hauteur avec le lait et le bouillon de volaille réduit, cuire environ 3 heures à frémissement. Écumer très régulièrement à l'aide d'une petite louche afin d'enlever les impuretés.
Passer la sauce au chinois étamine (vous pouvez décortiquer la poule pour la garder pour un autre repas), remettre dans une casserole. Incorporer la crème, faire réduire de nouveau 30 minutes puis incorporer les brisures de truffe ainsi que l'huile de truffe. Monter au beurre, lier le tout avec une pointe de gomme de xanthane afin d'obtenir une texture veloutée, rectifier l'assaisonnement.

OKAS DU PÉROU
Bien laver les okas du Pérou sous l'eau à l'aide d'une petite brosse pour enlever les résidus de terre.
Faire un beurre monté avec le fond blanc, le beurre et une cuillère de sauce huître. Tailler les okas du Pérou en 2 ou 3 dans la largeur et les cuire dans le beurre monté bien assaisonné.

Effeuiller l'endive, puis couper les feuilles en deux dans la longueur, verser un filet d'huile d'olive, saler, poivrer.

Tailler le jambon en petits cubes réguliers.

LOTTE
Déposer dans un récipient au bain-marie 0,5 l d'huile d'olive et 0,5 l de graisse d'oie, faire chauffer à 65 °C et cuire les morceaux de lotte 7 minutes, les égoutter.
Finir la cuisson au beurre mousseux afin de colorer le poisson.

DRESSAGE ET FINITION
Dans une assiette légèrement creuse, dresser le plat harmonieusement: poser la lotte au centre de l'assiette, mettre les okas du Pérou de chaque côté, ainsi que les cubes de jambon et deux morceaux d'endive, verser la sauce poulette bien chaude, finir avec 3 tranches de truffe fraîche, une pousse de cerfeuil, un tour de moulin à poivre et une pincée de fleur de sel.

BARBUE CUITE AU LAIT DE LA TRAITE DU MATIN, SHABU-SHABU DE VEAU DE LAIT ÉLEVÉ SOUS LA MÈRE

Pour 4 personnes

1 barbue de 1 kg
200 g de quasi de veau
1 cèpe

Bouillon de pochage
500 g de fond blanc
500 g de lait du Bois Joubert
1 gousse d'ail
1 échalote
QS de queues d'herbes
arêtes de barbue
1 branche de romarin
1 branche de thym

Sauce veau
500 g de parure et os de veau
300 g d'arêtes de barbue
1 piment oiseau
40 g de fond brun
3 échalotes
1 clou de girofle
100 g de vin blanc
2 l de lait du Bois Joubert
50 g de beurre
30 g de lait en poudre

Salsifis
4 salsifis
40 g de farine
1 citron jaune
40 g d'huile d'olive

1 salsifis
criste-marine

Divers
sel et fleur de sel de Guérande, poivre du moulin, huile d'olive, sauce huître

Je ne travaillais plus le lait de vache que je considérais comme indigeste pour notre organisme, mes échanges avec Nicolas Guerin m'ont convaincu du contraire. Faisant volte-face, j'ai imaginé ce plat aux réminiscences japonaises pour utiliser le lait de la traite du matin des Bretonnes Pie Noire.

La veille, filmer le morceau de veau puis le placer au congélateur une nuit.

BOUILLON DE POCHAGE
Dans un rondeau, réunir tous les ingrédients, puis cuire 20 minutes à frémissement en écumant très régulièrement. Couper le feu puis laisser infuser 20 minutes. Passer au chinois étamine et réserver au chaud.

SAUCE VEAU
Dans un grand rondeau, faire revenir à feu vif à l'huile d'olive les parures de veau pendant 5 minutes. Incorporer les arêtes de barbue, ajouter les épices, le fond brun et les échalotes. Faire revenir de nouveau en mélangeant régulièrement, déglacer avec le vin blanc. Cuire 5 minutes puis mouiller avec le lait et cuire 1 heure à frémissement. Passer la sauce au chinois étamine. Incorporer le beurre et le lait en poudre, mixer l'ensemble et rectifier l'assaisonnement si besoin.

SALSIFIS
Éplucher les salsifis à l'aide d'un économe (je recommande de mettre des gants, le salsifis tache les mains et colle beaucoup), puis les mettre dans une eau citronnée pour éviter l'oxydation.
Préparer un blanc: Dans une casserole, mettre la farine, puis ajouter l'huile d'olive, le sel et le jus du citron. Mélanger à l'aide d'un fouet afin d'obtenir un mélange homogène, puis ajouter l'eau et cuire les salsifis 20 minutes à frémissement.
Une fois cuits, les retirer du blanc, puis les griller à l'huile d'olive dans une poêle chaude. Réserver.

Tailler un salsifis en fines tranches à la mandoline, puis les frire à la friteuse à 150 °C quelques minutes. Bien les égoutter puis les saler et réserver les chips dans un endroit sec.

Sortir le morceau de veau du congélateur, attendre 10 minutes, puis le tailler en fines tranches à la machine à jambon. Réserver les tranches sur des feuilles de papier cuisson.

BARBUE
Sortir le poisson quelques minutes avant la cuisson, l'assaisonner, puis le cuire dans le bouillon de pochage 8 minutes. Réserver.

Tailler le cèpe en 4 puis le faire sauter rapidement à la poêle avec une noix de beurre, saler, poivrer.

DRESSAGE ET FINITION
Dresser harmonieusement dans une assiette creuse: poser la barbue, déposer à côté les salsifis. Pocher la lamelle de veau quelques secondes dans le bouillon de pochage, la déposer sur l'assiette. Finir avec la sauce et la criste-marine.

Cécile
la Ferme de Cécile à Plessé

Je te tiens, tu me tiens par la barbichette, le premier qui osera, de vie changera…

C'est en 2010 que la jeune femme, pourtant bien installée dans une histoire professionnelle qui dure depuis 22 ans, décide de rebattre les cartes de sa destinée pour suivre son petit grain de folie et devenir chevrière.
Emportée par l'adrénaline de ses nouvelles illusions, elle entre en formation agricole et obtient en une année son diplôme de polyculture et d'élevage.
Ce cursus la gratifie d'une rencontre très particulière en la personne de Pierre Coulon, son professeur d'élevage caprin, un jeune chevrier aussi passionné que créatif qui ne garde jamais les deux pieds dans le même sabot.

Entre les deux, le courant passe et Pierre lui propose de venir travailler en fromagerie sur son exploitation. L'opportunité est idéale pour se former et la jeune femme accepte. Mais Cécile est déterminée. Si elle a tout quitté, c'est pour donner du sens à sa nouvelle orientation et doit trouver son propre lieu pour écrire une histoire à la hauteur de ses ambitions. Déterminée, elle trouve son éden dans la béatitude des prairies herbeuses où le frémissement des graminées répond à celui des feuilles de la majestueuse forêt du Gâvre. Bénéficiant d'un tissu aussi amical que familial, la petite ferme à taille humaine voit rapidement le jour sur ses 10 hectares de bonheur. Désertant l'agitation des hommes, notre bergère respire enfin. Entourée de ses animaux, son histoire est rythmée par la traite du matin, puis le départ pour les prairies fleuries, jusqu'à la traite du soir qui ponctue l'ouvrage quotidien.

De ses premiers songes d'une autre vie, Cécile conserve deux images fortes.
La première, c'est de donner le meilleur à ses chèvres. Riche de son enseignement, elle cultive elle-même son mélange céréalier, fait son foin, et ne quitte jamais son petit guide pratique d'homéopathie qu'elle sort au moindre signe d'affaiblissement d'une de ses nouvelles protégées.
La deuxième, c'est de participer à la sauvegarde d'une race en péril. La jeune femme choisit la Poitevine, une jolie chèvre touchée de plein fouet par la fièvre aphteuse de 1920. Alors que dans les années 1980, il ne restait que 600 animaux, une poignée de passionnés relance la race, pour qu'aujourd'hui, une trentaine d'éleveurs et un cheptel d'à peine 4000 animaux trouvent leur salut au travers de l'association de défense et de développement de la chèvre Poitevine.

À la lisière du Gâvre, la jolie paysanne promène son troupeau de 36 biquettes en agriculture biologique. Rustiques, ses « filles » se sont totalement adaptées au terrain; calmes et dociles, elles font le bonheur de Cécile; bonnes laitières, elles lui donnent un lait riche en matière azotée, ce qui permet de fabriquer des fromages au bouquet particulier. Derrière son apparence douce, la petite femme fait preuve d'un sacré tempérament pour gérer au mieux son exploitation. Ici, pas le droit à l'erreur, il faut tout calculer, tracer, analyser, et surtout faire preuve d'une grande réactivité pour s'adapter et jongler avec les caprices de la saison, des rendements, et des ventes sans cesse fluctuantes.

À *La Mare aux Oiseaux*, je n'en suis qu'à mes premières années quand je croise l'œil vif et impertinent de Pierre Coulon, le petit chevrier du coin. À l'époque, je suis loin d'imaginer tout ce qui se passe derrière son regard malicieux, mais l'homme me séduit, la qualité de ses fromages me fait fondre et sa créativité m'interpelle.
Un matin, Pierre m'annonce qu'il s'envole vers d'autres horizons. Terminé, la Loire-Atlantique, il a lui aussi un projet de grande envergure, celui de monter la première laiterie de Paris (challenge totalement réussi aujourd'hui). Perdre l'un de mes producteurs de cœur est un déchirement pour le jeune chef que j'étais, d'autant qu'avec Pierre, une belle amitié était tout juste née.

Les chemins se croisent et parfois s'éloignent...
Avant son départ, le jeune chevrier me présente Cécile, son élève, et passe le relais. La transmission faite, c'est tout naturellement que je collabore avec la jeune femme. Son apparente fragilité, son humeur toujours joyeuse, viennent à nouveau éclairer nos créations fromagères et je suis heureux de pouvoir contribuer à la viabilité de cette magnifique exploitation à taille humaine.
Avec les hirondelles, chaque printemps — il y a une saison pour le chèvre, les biquettes ne donnent pas de lait l'hiver —, j'attends le retour des fromages frais, bûches et yaourts dont je raffole, sans oublier le lait si bon pour la santé qui entre dans ma gamme créative.

Avec ma baguette magique
Elle l'a déjà utilisée pour emprunter le nouveau chemin de vie dans lequel elle s'épanouit.

LE PRODUIT

Moins connu que le lait de vache, le lait de chèvre est pourtant source de nombreux bienfaits pour notre santé. Il fait preuve d'une grande richesse en vitamines A, B, C, D, et possède également une forte concentration en magnésium, oligo-éléments et potassium.
Il peut également être une belle alternative pour les personnes intolérantes au lait de vache.
En cuisine, il apporte des saveurs nouvelles, herbacées, épicées, voire aigrelettes qui donnent une belle fraîcheur, une petite acidité tendue, et réveille mes plats délicats aux≈beaux jours.

MAQUEREAU, CRÈME D'AMANDE AU LAIT DE CHÈVRE, JUS D'ARÊTES TORRÉFIÉES À L'AMANDE AMÈRE

Pour 4 personnes

2 maquereaux

6 framboises
30 g de caviar
100 g de haricots verts

Crème d'amande
150 g d'amandes effilées
250 g de crème liquide
250 g de chèvre frais
60 g de beurre de cacao
5 feuilles de gélatine

Jus d'arêtes d'amande amère
300 g d'arêtes de maquereaux
1 gousse d'ail
3 échalotes
4 grains de poivre
1 blanc de poireau
1 l d'eau
100 g de crème liquide
3 gouttes d'amande amère
50 g de beurre demi-sel

Crumble d'amande
75 g d'amandes en morceaux
100 g de beurre demi-sel
75 g de farine
30 g de sel

Divers
sel et fleur de sel, huile d'olive, poivre du moulin, sauce huître, pousses de roquette sauvage

Un jeu de saveurs, sur les amertumes, les acidulés, tout en contrastes, emporté par le gras du maquereau.

CRÈME D'AMANDE
La veille: Mettre les amandes à 160 °C pendant 30 minutes et faire infuser dans la crème froide pendant 24 heures.
Filtrer la crème d'amande au chinois, bien presser pour récupérer un maximum d'arôme puis la faire chauffer. Incorporer la gélatine (préalablement ramollie dans de l'eau froide), le beurre de cacao, le chocolat blanc. Mixer le tout. Laisser 12 heures au frais.
Battre le mélange à l'aide d'un fouet jusqu'à obtention d'une mousse et réserver.

CRUMBLE
Torréfier au four les amandes 10 minutes à 180 °C.
Mélanger tous les ingrédients ensemble dans le bol du Thermomix® 20 secondes à vitesse 3 sens inverse. Étaler le mélange sur une plaque garnie d'un papier cuisson et cuire 20 minutes à 180 °C.

JUS D'ARÊTES
Lever les filets de maquereaux, enlever les arêtes à l'aide d'une pince puis réserver au frais.
Bien nettoyer les arêtes en les passant sous l'eau pour enlever les résidus de sang. Les sécher soigneusement à l'aide d'un papier absorbant.
Dans une grande cocotte, chauffer l'huile d'olive, ajouter le poivre, les échalotes, l'ail et faire suer le tout 5 minutes. Ajouter les arêtes de poisson, faire torréfier 5 minutes, puis déglacer au vin blanc. Mouiller à l'eau et cuire environ 1 heure. Passer au chinois, remettre dans une casserole et faire réduire.
Crémer légèrement, ajouter l'arôme d'amande amère un peu montée au beurre et rectifier l'assaisonnement.

HARICOTS VERTS
Pour cuire les haricots verts ou un autre légume vert, il faut un grand volume d'eau salée (environ 10 g de gros sel par litre d'eau). L'ébullition de l'eau doit reprendre rapidement une fois que les haricots sont mis en cuisson. Compter environ 2 minutes de cuisson à la reprise de l'ébullition, puis refroidir directement dans de l'eau glacée. Les égoutter sur un papier absorbant puis les réchauffer avec une pointe de beurre.

DRESSAGE ET FINITION
Cuire le maquereau à l'unilatérale sur du papier sulfurisé avec un filet d'huile d'olive et à feu doux pour laisser la température monter. Saler et poivrer.
Poser le filet de maquereau dans l'assiette, y déposer quelques haricots verts réchauffés au beurre ou en salade.
Mettre une petite cuillère de crumble, poser une jolie quenelle de crème d'amande au chèvre et finir par un peu de caviar. Mettre une framboise coupée en deux, terminer avec une pousse de roquette sauvage.

NOIX DE SAINT-JACQUES À LA MOUTARDE, QUINOA ROUGE, NEIGE DE CHÈVRE FRAIS, VINAIGRETTE SALADE VERTE, HUILE DE MOUTARDE

Pour 4 personnes

8 belles noix de Saint-Jacques
50 g d'huile d'olive de qualité

Vinaigrette à la laitue
1 laitue
300 g de Badoit®
20 g de pousses d'épinard
20 g de moutarde
20 g d'huile d'olive
10 g de vinaigre de riz
1 g de poivre en grain
1 pointe de gomme de xanthane

100 g de chèvre frais
de la ferme de Cécile

20 g de graines de moutarde
50 g de vinaigre de riz
50 g de mirin

100 g de quinoa rouge
30 g de radis noir
20 g de vinaigre de kanisu

1 radis noir
achillée millefeuille

Divers
sel et fleur de sel de Guérande,
huile d'olive, poivre du moulin,
sauce huître

Croquer la nature...

Décortiquer les Saint-Jacques.
Mettre les noix dans un sachet sous-vide, ajouter sel, poivre du moulin et l'huile d'olive. Cuire au thermoplongeur 20 minutes à 48 °C.
Sortir du thermoplongeur et les refroidir directement dans l'eau glacée.

VINAIGRETTE À LA LAITUE
Tailler la laitue, puis bien la nettoyer à l'eau froide.
Mettre tous les ingrédients avec l'assaisonnement dans le bol du Thermomix®, mixer une minute à vitesse 10, afin d'obtenir une texture bien lisse.

Mettre le chèvre frais dans un bac puis le congeler une nuit.

Mettre les graines de moutarde à tremper dans l'eau de source pendant une nuit.
Faire bouillir le vinaigre de riz ainsi que le mirin et verser sur les graines de moutarde. Laisser refroidir à température ambiante.

Cuire le quinoa à l'eau bouillante salée pendant 10 minutes, refroidir à l'eau froide, et le débarrasser.
Tailler le radis noir en fine brunoise, puis l'incorporer au quinoa et ajouter un filet d'huile d'olive ainsi que le vinaigre de kanisu, du sel et du poivre.

Tailler de fines tranches de radis noir à la mandoline, puis les réserver.

DRESSAGE ET FINITION
Dresser harmonieusement dans une assiette creuse: poser joliment le quinoa au centre de l'assiette, mettre dessus les Saint-Jacques coupées en deux, en alternant avec les tranches de radis noir. Verser autour la vinaigrette, mettre les graines de moutarde, et finir en râpant le chèvre à la dernière minute. Déposer une pousse d'achillée millefeuille.

BOVIEUX

Nicolas Louhault
producteur de pommes, les Jardins de Brière à Missillac

Dans son jardin d'Éden, il promet à chaque fleur d'être féconde pour en croquer la pomme.

Paysan, Nicolas hume la brume du vallon brièron, à la rencontre entre la forêt de Missillac et le marais, il respire à plein poumon le partage de ces deux mondes. À l'aube d'un nouveau jour, bien campé dans le creux d'un chemin caillouteux, il songe à demain, tout en se rappelant qu'hier, c'est en Touraine qu'il usait ses fonds de culottes, en suivant son paternel sur l'élevage de moutons.
À la ferme familiale, du travail, il n'en manque pas, mais la laine frisée ne suffit pas pour nourrir le foyer. Aussi le jeune adolescent s'oriente-t-il vers un BTS arboricole et, de retour du service militaire, il s'expatrie en Brière pour travailler avec son oncle qui exploite un verger. Nicolas a 20 ans, il demande à Laure, sa femme, si elle est prête à le suivre et, ensemble, ils s'installent sur cette nouvelle terre. Sous la coupe familiale, le jeune homme appliqué et curieux apprend rapidement les rudiments de la pomme. Mais le ciel de Brière s'assombrit brusquement quand son oncle lui prédit la fin de l'aventure.

Nicolas n'a pas le temps de réfléchir, ni de faire l'inventaire de ses chemises, riche d'une certaine insouciance, fort du muscle de ses bras, des nœuds qui soutiennent ses genoux et, toujours en accord avec sa jeune épouse, il se jette à l'eau et prête serment: demain, ce jardin sera le leur! Sur le fil de sa toute nouvelle destinée, le jeunot a tout de suite conscience d'une chose: il a l'obligation de faire mieux pour évoluer, et emprunte le chemin d'une agriculture raisonnée.

Ce point de départ est essentiel car il va orchestrer le quotidien de l'entreprise; sans cesse occupé à progresser en trouvant une alternative à tout écueil, son travail s'oriente au fil des jours à la lisière du bio.
Malgré le risque économique qui en découle, le couple tranche à nouveau et passe cette frontière. Il s'ensuit trois années de conversion, pendant lesquelles ils déjouent tous les pièges, voient leurs rendements divisés par trois, voire quatre, mais ils tiennent bon. Sur le devant de la scène, il faut également faire évoluer la clientèle, transmettre le message; face à ce choix drastique, c'est l'intégralité de leur microcosme qui doit louvoyer.
L'agitation est générale et Nicolas garde le cap. Du haut de ses 22 ans, il a le sens de la responsabilité collective et avance chaque jour vers là où il doit être demain, un principe fort et engagé qui ne le quittera jamais.

Dix années passent, le paysan ne lâche rien et se concentre sur les sols qu'il veut vivants! Il laisse les graminées envahir les allées entre les arbres, et ressème même par-dessus du sarrasin ou de la féverole, pour enrichir ce jardin dans le jardin. Fini le broyage! Audacieux, l'arboriculteur sait où il va en cultivant ainsi son royaume de cocagne, il fait un pas de côté, et s'émerveille de chaque fleur qui, une fois éclose, vient colorer les rangs semi-sauvages de son exploitation. Doué d'une totale lucidité, Nicolas imagine que ce clos des délices gorgé de pollen naturel va attirer les insectes en abondance. Bingo! Les populations de coccinelles grossissent à vue d'œil, les petites bêtes se gavent du nectar sacré qui leur apporte la fertilité et pondent sur les branches des pommiers, laissant s'échapper ainsi leurs larves qui dévorent à leur tour les pucerons, animant le cercle vertueux de la vie.

Riche de cette expérience, l'homme a compris une chose: si hier à 20 ans, il regardait ses plantations d'un œil scolaire dans leur globalité, aujourd'hui, chaque arbre, chaque fruit, représente une entité à part entière; Nicolas évolue dans cette société végétale en prenant en compte la différence de chacun. Le regard aguerri, il accompagne les plus faibles, flatte les plus gros, soutient les petits et admire les plus grands. Ainsi, c'est en portant une attention de chaque instant à la vie qu'il sélectionne et trie à la main le fruit de son amour. Fort de ce nouveau savoir-faire et d'une biodiversité d'ensemble sur son terrain de jeu, il est fier de cette transmission et, même s'il apprend encore tous les jours, se jouant des caprices du temps et des changements climatiques, il explore chacune de ses trente variétés de pommes pour en extraire le caractère, en les accompagnant jusqu'au point M de la maturité.
Son chemin ne s'arrête pas là: pour conserver les fruits, il faut les bichonner et les mettre soigneusement à l'abri dans des chambres froides cathédrales, et là aussi il est devenu expert.

Je perçois, une fois encore, la chance que j'ai de pouvoir travailler à présent avec ces artisans de ma terre d'adoption, alors qu'hier encore cet échange n'aurait pas été possible. Sur un produit simple comme la pomme, le coût d'un transport isolé, même des quelques kilomètres qui séparent *La Mare aux Oiseaux* des Jardins de Brière, était beaucoup trop important pour que nous puissions envisager une collaboration intelligente.
Pourtant, la connaissance, l'humilité, le respect et les valeurs de Laure et Nicolas sont autant de richesses que j'aimerais exploiter chez moi afin de vous les faire partager. La mise en place du lien local, tenu par Benjamin, fait une fois de plus office de miracle et, dès l'automne prochain, Nicolas va m'éduquer semaine après semaine sur chacune des expressions de ses pommes. Ensemble, nous allons explorer la concentration des saveurs dans ce fruit, somme toute oublié, tant il est familier. Grâce à cette expertise, je vais sonder nombre de variétés encore inconnues malgré plus d'une trentaine d'années d'un travail assidu dans ma cuisine et d'écoute du monde extérieur. Quelle pomme pour le sucre, quelle autre pour l'acidité, et une pomme en légume, une pomme salée, ou épicée?
Face à moi, une double histoire reste à écrire, celle de l'échange à travers l'humain et du partage de la connaissance, nourri par cette transmission réciproque, et celle d'une nature variée autour de la grande prêtresse Brière, instruit d'un nouvel ingrédient magique, substance sacrée à mes histoires de goût.
Miroir, miroir, dis-moi qui est la plus belle...

Les valeurs de Nicolas se traduisent en deux mots: qualité et biodiversité, mais sans oublier que le véritable adage, c'est le plaisir de croquer dans toutes les pommes, afin de se délecter du charme de chacune d'elles.

Avec ma baguette magique
Nicolas trouve le moyen de faire pousser des fruits à noyau en Brière, comme dans l'ancien temps, quand la pêche ou l'abricot ne venaient pas de l'autre bout de la France, mais que chacun possédait un arbre bien acclimaté dans son petit jardin. Loin de tous les standards d'aujourd'hui, de la sélection de l'homme qui engendre l'élimination du patrimoine génétique, il aimerait retrouver chez lui ces fruits sans allure, se jouant du sucre et de l'acidité, allant à l'essentiel du goût pour provoquer l'émotion la plus intense.

LE TOURTEAU,
LA POMME DE MISSILLAC,
BOUILLON DE COING ACIDULÉ

Pour 4 personnes

1 pomme
10 g de caviar de hareng
1 navet boule d'or

Tourteau
1 tourteau femelle
1 oignon
1 gousse d'ail
1 bouquet garni
2 g de poivre

Compote de pomme
600 g de pommes
(la meilleure variété du moment)

Bouillon de coing
2 coings
1 bâton de réglisse
1 clou de girofle
300 g de jus de pomme
300 g d'eau
2 filaments de safran

Divers
sel et fleur de sel de Guérande,
huile d'olive, poivre du moulin,
sauce huître, pousses de saison

Vous avez dit bain d'épices...

TOURTEAU
Préparer un grand rondeau, ajouter la garniture aromatique salée à 30 g de sel par litre d'eau, porter à ébullition. Plonger le tourteau et cuire 10 minutes à la reprise de l'ébullition.
Sortir le tourteau et le laisser refroidir à température ambiante, le décortiquer encore tiède (c'est plus facile), bien trier la chair et la réserver.

COMPOTE DE POMME
Éplucher les pommes puis les couper en morceaux, les mettre dans un sachet sous-vide et cuire 20 minutes au four vapeur.
Quand c'est cuit, ouvrir le sachet et mettre les pommes dans le bol du Thermomix®, mixer une minute à vitesse 10 afin d'obtenir une purée très lisse. Débarrasser.

BOUILLON DE COING
Mettre les coings coupés en 4 dans le bol du Thermomix® puis cuire 40 minutes à 110 °C/sens inverse, ajouter les épices, puis le jus de pommes et l'eau, le safran et une cuillère de sauce huître.
Passer au chinois et rectifier l'assaisonnement.

Tailler la pomme en petits dés.
Tailler le navet boule d'or en fines tranches à l'aide d'une mandoline.

DRESSAGE ET FINITION
Dans un petit récipient, mélanger la chair de tourteau avec la purée de pomme.
Ne pas en mettre trop, elle doit juste lier le tourteau.
Dans une assiette creuse, dresser harmonieusement: faire une grosse quenelle de tourteau puis recouvrir avec les pétales de navet boule d'or, poser dessus quelques morceaux de pomme, une pointe de caviar de hareng. Finir avec le bouillon autour et les pousses de saison.

L'HUÎTRE POMME-OIGNON

Pour 4 personnes

8 huîtres de Kercabellec
2 pommes (plutôt fruitées, croquantes et sucrées comme les Pink Lady)
1 citron jaune bio
30 g lardons allumettes

Confit d'oignon
6 oignons
1 gousse d'ail
5 g de sucre
50 g de beurre demi-sel

Condiment pomme-oignon
2 oignons
2 pommes (plutôt fruitées, croquantes et sucrées comme les Pink Lady)

Divers
sel et fleur de Guérande,
huile d'olive, poivre du moulin,
sauce huître, herbes de saison

L'oignon tout en texture, la vague iodée de l'huître, le rassurant du lard fumé, ça ne vous rappelle pas un week-end en Bretagne au coin du feu?

CONFIT D'OIGNON

Éplucher les oignons, les émincer.
Dans une casserole, faire fondre le beurre, ajouter la gousse d'ail ciselée, les oignons émincés et le sucre, saler et poivrer, cuire à feux doux 20 minutes en remuant régulièrement.

CONDIMENT POMME-OIGNON

Dans une casserole, mettre les pommes épluchées, les cuire à feu doux avec un couvercle afin qu'elles fondent tout doucement dans leur eau naturelle, ajouter une pincée de fleur de sel de Guérande et un tour de poivre du moulin.
Une fois les pommes bien cuites, retirer le couvercle et cuire encore à feu doux pour laisser évaporer l'humidité pendant 2 à 3 minutes et conserver cette préparation à température ambiante sans couvrir.

Éplucher les oignons pour les émincer finement.
Dans une casserole, faire fondre le beurre, ajouter les oignons émincés et le sucre, du sel et du poivre, et laisser mijoter à feu moyen jusqu'à obtention d'une légère caramélisation.

Ajouter la compote de pomme aux oignons, et mélanger afin d'obtenir une préparation homogène. (Il est possible également de mixer cette préparation pour obtenir une mousseline fine et délicate).

Tailler les deux pommes à la mandoline en tranches fines et les conserver dans l'eau citronnée afin qu'elles ne s'oxydent pas.

Dans une poêle bien chaude, faire griller les lardons allumettes environ 2 minutes en remuant régulièrement, afin de les faire griller et de les rendre croustillants. Débarrasser sur un papier absorbant pour éliminer l'excès de gras.

Ouvrir les huîtres et les égoutter sur un papier absorbant.

DRESSAGE ET FINITION

Dans le fond d'un bol ou d'une assiette creuse, poser délicatement une cuillère à soupe de confit d'oignon encore tiède, et couvrir harmonieusement avec quelques tranches de pomme.
À l'aide d'un emporte-pièce, disposer le condiment pomme-oignon de manière régulière sur le lit de pommes crues, terminer par deux huîtres, et parsemer de quelques allumettes de lard grillé. Ajouter quelques herbes de saison pour la fraîcheur.

LA VIEILLE EN SASHIMI, TARTARE DE POIRE

Pour 4 personnes

1 vieille de 1 kg
100 g de sel fin
100 g de sucre

Tartare de poire
1 poire Wiliams
1 citron jaune
10 g d'œufs de tobiko
10 g d'œufs de saumon
10 g d'œufs de brochet
2 feuilles de shiso vert

Jus de poire
200 g de jus de poire bio
2 feuilles de shiso vert
20 g de vinaigre de calamansi

Gel de poire
200 g de jus de poire bio
3 g d'agar-agar

QS d'herbes sauvages:
corne-de-cerf, mouron-des-oiseaux

Divers
sel et fleur de sel de Guérande,
huile d'olive, poivre du moulin,
gomme de xanthane

Toute la fraîcheur de l'automne, pour nous rappeler que l'été vient juste de tirer sa révérence.

VIEILLE
Pour la préparation de la vieille, voir la recette page 68.
Lever les filets de vieille, puis ôter les arêtes à l'aide d'une pince.
Dans un récipient, réunir le sel fin et le sucre, bien mélanger, puis le mettre sur le poisson et le filmer. Laisser mariner 45 minutes pour assaisonner le poisson de l'intérieur. Rincer le poisson sous un filet d'eau afin de bien enlever le sel, puis le sécher à l'aide d'un linge propre. Tailler de fines tranches de vieille, les réserver.

TARTARE DE POIRE
Éplucher la poire puis la frotter avec le citron pour éviter l'oxydation, la tailler en fine brunoise.
Hacher le shiso vert, puis l'incorporer à la brunoise de poire et incorporer les œufs de poissons, un filet d'huile d'olive, un tour de moulin à poivre, une pincée de sel.

JUS DE POIRE
Réunir tous les ingrédients dans un bain-marie, mixer au mixeur plongeant, assaisonner avec un filet d'huile d'olive, incorporer une pointe de couteau de xanthane pour tenir l'émulsion.

GEL DE POIRE
Mettre à bouillir le jus de poire dans une casserole, incorporer l'agar-agar puis bien mélanger à l'aide d'un fouet environ 3 minutes à frémissement pour que l'agar-agar agisse bien. Débarrasser dans une petite pipette.

DRESSAGE ET FINITION
Dans une petite assiette, poser les morceaux de vieille joliment, ajouter dessus un filet d'huile d'olive, mettre une belle quenelle de poire, quelques points de gel de poire, finir avec le jus et les herbes sauvages ainsi qu'une pincée de fleur de sel et un tour de moulin à poivre.

POIRE IMPRÉGNÉE, PARFUM DE BAIE DE GENIÈVRE ET CHOUCHOU DE NOIX (SANS GLUTEN NI LACTOSE)

Pour 6 assiettes

Sorbet poire
500 g de pulpe poire
50 g de jus de citron jaune
40 g de glucose atomisé
4 g de super neutrose
100 g de sucre
218 g d'eau
5 g d'alcool de poire

Praliné aux noix
100 g de noix torréfiées
100 g de sucre

Tuile pralinée aux noix
100 g de praliné aux noix
20 g de maïzena
30 g de blancs d'œuf

Sirop de pochage au genièvre
150 g de sucre
15 g de baies de genièvre
500 ml de jus de poire
35 g d'alcool de poire
32 g de jus de citron jaune
6 poires Comice

Compote « béton » poire
250 g de purée de poire
12 g d'alcool de poire
10 g de sucre
3 g de pectine NH
1,5 g d'agar-agar
3 g de jus citron

Noix caramélisées
400 g de noix concassées
140 g de sucre
45 g d'eau
10 g de beurre de cacao

Caramel salé
150 g de sucre
300 ml de crème végétale
1 g de fleur de sel

Par Adrien Gauthé, mon chef pâtissier.

SORBET POIRE
Chauffer l'eau à 40 °C.
Hors du feu, ajouter en pluie le mélange sec: glucose, super neutrose et sucre.
Cuire le tout à 85 °C.
Débarrasser au frais. Laisser refroidir.
Ajouter pulpe, jus de citron et alcool au sirop et mixer. Laisser maturer 24 heures.

PRALINÉ AUX NOIX
Réaliser un caramel à sec puis rouler les noix dans le caramel.
Une fois bien refroidies, broyer et passer au tamis si besoin.

TUILE PRALINÉE AUX NOIX
Mélanger tous les ingrédients au Thermomix®. Étaler à l'aide d'un chablon sur une toile siliconée.
Cuire 4/5 minutes à 150 °C. Sortir du four et enrouler autour d'un cercle de 4 cm de diamètre.

SIROP DE POCHAGE AU GENIÈVRE
Caraméliser à sec le sucre. Ajouter les baies de genièvre.
Déglacer avec le jus de poire, puis l'alcool et porter à ébullition.
Débarrasser, ajouter le jus de citron jaune et laisser infuser 24 heures au frais.
Peler et tailler les poires en palets et conserver les chutes pour la compote.
Disposer les palets à plat en sac sous-vide avec le sirop. Cuire au four vapeur 85 °C pendant 50 minutes (vérifier que les poires sont tendres au toucher) et refroidir dans l'eau glacée.

COMPOTE « BÉTON » POIRE
Chauffer la purée et l'alcool à 40 °C.
Ajouter en pluie le mélange sucre, pectine, agar-agar. Porter à ébullition.
Hors du feu, ajouter le jus de citron. Débarrasser dans un cul-de-poule au frais.
Mixer pour obtenir une texture lisse et passer au tamis avant utilisation.

NOIX CARAMÉLISÉES
Avec l'eau et le sucre, réaliser un sirop à 118 °C. Ajouter les noix et sabler le tout jusqu'à caramélisation. Attention, cela brûle rapidement, remuer sans cesse.
Hors du feu, ajouter le beurre de cacao et débarrasser dans un récipient métallique.
Effriter jusqu'à complet refroidissement.

CARAMEL SALÉ
Cuire le sucre à sec pour obtenir un caramel blond foncé limite brun.
Déglacer avec la crème végétale salée.
Cuire le tout à 104 °C. Débarrasser au frais.

ESPUMA NOIX

La veille: Mettre le lait végétal et les brisures de noix sous vide et laisser infuser au frais toute la nuit.
Le lendemain, passer l'infusion au chinois. Hydrater la gélatine dans l'eau glacée.
Chauffer l'infusion à 40 °C, ajouter en pluie le mélange sucre-agar.
Porter à ébullition. Hors du feu, ajouter la gélatine bien essorée. Stocker au frais.
Ajouter à froid les blancs d'œuf et mixer.
Gazer à 2 cartouches au siphon.

DRESSAGE ET FINITION

À l'aide d'un chablon, étaler une fine couche de compote de poire au centre de l'assiette.
Égoutter les palets de poires pochées.
Placer au centre de l'assiette un cylindre de tuile pralinée puis le palet de poire à l'intérieur.
Recouvrir le palet avec les éclats de noix caramélisées, quelques gouttes de caramel salé, puis une quenelle de sorbet poire.
Pocher l'espuma noix de manière à recouvrir le tout sans déborder du cylindre.
Terminer en parsemant de poudre de genièvre à l'aide d'un tamis.

Espuma noix
Pour l'infusion:
1 l de lait végétal
300 g de brisures de noix caramélisées
Le lendemain:
660 g d'infusion
9 g de gélatine
3 g d'agar-agar
15 g de sucre
45 g de blancs d'œuf frais

Décor
poudre de baies de genièvre

Alain Rey
apiculteur sur le rucher de La Mare aux Oiseaux

Coiffé d'une imposante chevelure, Il aurait pu faire de l'ombre au Roi-Soleil, mais il a choisi d'être le druide des marais. Assurancetourix, magicien, musicien, il charme ses abeilles pour qu'elles lui concèdent leur nectar, le miel de Brière. Il paraît que cette potion magique donne aux chefs un pouvoir décuplé.

À 18 ans, il prend subitement conscience du monde qui l'entoure; alors en vacances sur le plateau du Larzac, la piqûre d'une rencontre avec José Bové va changer sa vie. Jeune expatrié dans le Berlin d'avant la chute du mur, engagé auprès des anarchistes, il fait ses premiers pas dans l'univers parallèle des altermondialistes.
C'est là qu'il se découvre un idéal à vivre dans le Babel multiracial des squats organisés. Se laissant porter de relations en relations, Alain est mobilisé au Maroc comme expert en irrigation dans les jardins du roi. Il y restera 8 mois avant de s'échapper, attiré par la découverte de ce nouveau monde qui s'ouvre à lui. Il voyage en Algérie, puis en Tunisie, avant de rentrer en France où il n'est toujours pas prêt à être formaté par le moule du travail et de la société. L'homme se dérobe à nouveau, empruntant les sentiers de la Grèce à la Crète, puis s'envole plus au nord, où il butine de la Suède à la Norvège, en passant par le Danemark. Mais le manque de lumière l'épuise; il décide, un peu malgré lui, de rentrer au pays.

Il a 21 ans et croise le chemin de sa première femme avec qui, très vite, il aura une fille; Alain se pose enfin, travaille dans les papiers peints, les saucisses et même à la chaîne dans une usine. Le rythme des 3/8 ne lui convient pas, c'est une évidence, même si la solidarité ambiante est un réel apprentissage au quotidien pour ce jeune humaniste. Enfin il trouve une place au courrier, à Marly-le-Roy, dans les assurances, où il monte rapidement les échelons; mais arrivé en haut de l'échelle, il finit par faire un burn-out et s'évade sur l'île de Ré pour respirer...

Sous les rayons d'un soleil bienfaiteur, sa rencontre avec un paludier lui ouvre une nouvelle voie. Il passe alors un diplôme agricole et s'installe avec Valérie, sa nouvelle compagne, du côté de Guérande, où pendant 4 ans, il fait du sel, tout en élevant pour son plaisir personnel quatre ruches sur les bords du marais. Mais malgré la nature qui l'entoure, il se sent à l'étroit, prisonnier des lignes trop droites de ses œillets*, et dérive de plus en plus vers les abeilles; elles sont libres, elles, de voler... Ses journées deviennent trop courtes, et Valérie demande à Alain de faire un choix: le sel ou le miel.

*Dans les marais salants, les œillets sont les derniers bassins où le sel atteint une concentration suffisante pour cristalliser et être récolté.

À 44 ans, sa décision est prise! Alain commence avec 250 ruches et vend son nectar sur les marchés. Il se passionne pour ses nouvelles amies et apprend toutes les subtilités de l'élevage et de la vulnérabilité de ces petits êtres vivants. Mais ça ne lui suffit pas, il en veut encore plus et cherche à se perfectionner autour des saveurs, il étudie au cordeau l'implantation de ses essaims afin de développer des goûts spécifiques, et de concentrer au maximum les effluves que lui renvoie Dame Nature.
Il en est là, Alain, quand il découvre un reportage sur le chef Éric Guérin à la télévision, un amoureux fou de la Brière, expatrié lui aussi sur cette terre flottante! Valérie le pousse à la rencontre. Alain est sceptique, il résiste, à quoi ça sert? Mais écoutant sa compagne, il prend rendez-vous avec moi. Le moment est fort et notre rencontre immédiate; à l'époque, je venais de faire déloger un essaim sauvage du jardin de *La Mare aux Oiseaux* par un autre apiculteur et la découverte de la vie très organisée et millimétrée des abeilles m'avait laissé sur ma faim. Je venais de me rendre compte que je pouvais, en tant que professionnel, utiliser un produit au quotidien avec cette étiquette de chef nature, sans en connaître les secrets les plus intimes.
Le druide de Brière allait m'aider à décrypter le raffinement de cette société clandestine.

En totale complémentarité, mon analyse après dégustation de sa production fascine l'happy-culteur, le pousse à chercher, à avancer encore et encore, pour bonifier, rectifier, améliorer toujours sa collaboration entre l'animal et le végétal. Suite à notre rencontre, il réorganise son travail, imagine un miel plus pur, baisse la température de chauffe, se réinvente pour séduire mes papilles et celles de mon chef pâtissier du moment, Rodolphe Groizard. Sans le savoir, Alain explore l'umami du nectar, et nos échanges le bouleversent.

En cuisine, je remplace le sucre par le miel, joue avec les saveurs, allant même jusqu'à installer 20 ruches dans mon jardin afin d'exploiter la richesse naturelle de cette proximité, et de donner ainsi une impulsion environnementale à mon territoire. Si cette démarche semble naturelle aujourd'hui, à l'heure où les chefs travaillent autour de leur potager, à l'époque je faisais partie des pionniers. Animé, envoûté par cette exploration naissante, tout y passe, de la hausse à la propolis, en passant par la cire que j'utilise pour son parfum spécifique. Mes nouvelles locataires me captivent; sous le charme, magnétisé par leur bourdonnement, à l'écoute de la récolte, surveillant la moindre bizarrerie météorologique, je guette la maladie. Et s'il n'est pas rare, non plus, de me surprendre bien campé au milieu du rucher, armé d'une épée de bois, c'est qu'en maître Jedi, je guette le frelon asiatique.

La motrice est en marche et Alain se sert de mon réseau pour développer sa relation avec d'autres cuisiniers. En quelques années, il devient l'apiculteur des chefs comme Jean-Yves Guého à Nantes, Pascal Favredanne à Angers, ou encore Alexandre Couillon à Noirmoutier, et installe des ruches un peu partout sur le territoire. Il entre également en contact avec de nombreux boulangers, pâtissiers et chocolatiers comme Franck Delperier, Jean-Paul Hévin ou Christophe Roussel, et traîne son béret à mes côtés sur les plateaux d'Omnivore. Sans nul doute possible, le voilà à sa place sur la scène des chefs. Ce matin encore, alors que j'écris ces quelques lignes, je croise l'homme au cœur d'une toute nouvelle réflexion sur l'importance du terroir, il aimerait travailler le miel comme le vin…

Même s'il n'est pas certain de finir sa vie en Brière, le miroir de l'eau, le calme, le rassurent. Il peut rester des heures à l'observer en pensant au temps passé dans le Larzac, là où coulent ses racines, là où il aime lancer la mouche dans les remous avec l'espoir d'une belle prise argentée. Sa fougue d'écologiste lui colle à la peau, assidûment engagé dans tous les combats environnementaux et plus particulièrement autour de ceux qui touchent de plein fouet ses amies en pyjamas rayés, il a néanmoins trouvé un certain apaisement dans la famille, entouré de ses enfants et petits-enfants. Depuis 2 ans, il s'est également rapproché de travailleurs handicapés pour la mise en pot, et ces toutes nouvelles valeurs sociales l'emplissent de bienveillance.

Il n'a qu'un seul regret, le temps qui file, laissant de nombreux projets de vie en friche. Son rêve le plus fort reste d'accompagner sa petite famille le plus loin possible, afin d'essayer de les protéger face à la dégradation du monde et de la société.

Avec ma baguette magique
D'un geste circulaire, il ferait un saut quelques années en arrière pour monter une brasserie et faire sa bière, la bière de Brière.

CITRON CONFIT DANS L'ESPRIT D'UN BABA, MIEL D'ÉTÉ DE BRIÈRE, SORBET YAOURT ET ESTRAGON

Pour 6 assiettes

Sorbet yaourt grec-estragon (sans maturation)
500 g de yaourt grec
60 g de sucre inverti
35 g d'estragon frais
60 g de sucre

Pâte à baba
18 g de levure de boulanger
140 g de lait froid
113 g d'œufs froids
282 g de farine de gruau
5 g de sel
23 g de sucre
85 g de beurre doux

Brunoise de citrons
gros sel
QS de citrons jaunes non traités
300 g d'écorces de citron blanchies
170 g de sucre
100 g d'eau
30 g de jus de citron jaune

Sirop d'imbibage citronnade
500 ml d'eau
5 g de citronnelle fraîche
3 g de poivre des cimes
5 g de zestes de citron jaune frais
75 g de rhum ambré
100 g de jus citron jaune
150 g de miel d'été

Crémeux yaourt
60 g de mascarpone
14 g de sucre glace
455 g de yaourt grec

Tuile cigarette au miel
60 g de beurre pommade
60 g de sucre glace
60 g de farine T55
60 g de blancs d'œuf tempérés
60 g de miel

Par Adrien Gauthé, mon chef pâtissier.

SORBET YAOURT GREC-ESTRAGON
Mixer tous les ingrédients ensemble. Turbiner.

PÂTE À BABA
Dans la cuve de robot munie du crochet, mélanger dans l'ordre suivant: la levure, le lait, les œufs, la farine, le sel et le sucre tout en évitant le contact direct entre la levure, le sel et le sucre.
Travailler la pâte jusqu'à ce qu'elle se décolle des rebords de la cuve.
Ajouter le lait restant, attendez qu'il soit bien mélangé et que la pâte se décolle de nouveau (température de la pâte environ 25 °C). Faire fondre le beurre à 40 °C environ. Petit à petit, ajouter le beurre fondu tiède et mélanger jusqu'à ce que la pâte se décolle des rebords de la cuve.

Pocher la pâte dans des moules préalablement graissés et laisser les pointer à l'étuve ou dans un coin chaud pendant 45 minutes. Cuire au four ventilé à 170 °C pendant 13 minutes environ et laissez-les sécher à température ambiante. Conserver en boîte hermétique.

BRUNOISE DE CITRONS
Séparer l'écorce des citrons de la pulpe à l'aide d'un couteau à tomate.
Tailler les écorces en petits dés. Mettre les écorces dans une casserole et ajouter de l'eau à hauteur puis une pincée de gros sel. Porter le tout à ébullition puis égoutter les écorces et les refroidir dans un bain d'eau glacée pour stopper la cuisson.
Répéter l'opération 4 à 5 fois jusqu'à ce que les écorces soient bien tendres.
Porter à ébullition le sucre et l'eau. Ajouter les dés de citrons blanchis.
Laisser confire à feu très doux puis ajouter en fin de cuisson le jus de citron.

SIROP D'IMBIBAGE CITRONNADE
Porter l'eau à frémissement.
Ajouter la citronnelle ciselée, le poivre, les zestes et laisser infuser 20 minutes.
Chinoiser et ajouter le rhum, le jus de citron et le miel.

CRÉMEUX YAOURT
Mélanger le mascarpone et le sucre glace.
Ajouter le yaourt et bien mélanger.

TUILE CIGARETTE AU MIEL
Mélanger tous les ingrédients dans l'ordre: le beurre pommade, le sucre glace, la farine, les blancs d'œuf, le miel. Réserver au frais 12 heures.
Étaler l'appareil à la spatule sur un moule en silicone nid d'abeille.
Cuire 180 °C durant 3 minutes environ.

SABLÉ AU PAVOT

Dans la cuve du robot muni de la feuille, mélanger ensemble la farine, la poudre d'amande, la fleur de sel, le sucre glace, les crêpes dentelle et le beurre en morceaux jusqu'à obtention d'une pâte, en évitant de lui donner du corps.
Ajouter les jaunes d'œuf et le pavot et finir de pétrir jusqu'à obtention d'un mélange homogène.
Étaler la pâte entre deux feuilles de papier sulfurisé à 2 millimètres d'épaisseur, puis laisser prendre au froid durant 20 minutes. Détailler à l'aide d'un emporte-pièce et cuire sur plaque munie d'une toile siliconée, à 150 °C durant 15/18 minutes.

MARMELADE DE CITRON

Lever un citron jaune en prenant soin de bien séparer zeste et ziste de la chair.
À l'aide d'un couteau d'office, lever les segments sans prélever la membrane puis couper en fine brunoise.
Mélanger avec la brunoise de citrons confits et le citron caviar.

DRESSAGE ET FINITION

La veille: Disposer les babas dans un moule avec des bords suffisamment hauts (type plat à gratin). Chauffer le sirop d'imbibage à 80 °C et verser délicatement sur les babas.
Filmer le moule et laisser imbiber 30 minutes à température ambiante.
Récupérer le sirop en retirant délicatement les babas, le réchauffer et le verser une seconde fois sur les babas. Laisser imbiber une nuit au réfrigérateur.

Le jour même: Poser un point de miel dans l'assiette.
Égoutter le baba, le creuser légèrement au centre à l'aide d'une cuillère à pomme parisienne et le garnir avec la marmelade.
Disposer le sablé dessus de manière à ce que la structure soit stable.
Poser une quenelle de sorbet, quelques points de crémeux et gouttes de miel, les tuiles au miel. Agrémenter de quelques pousses de petite oseille et des billes de citron caviar.

Sablé au pavot
125 g de farine T55
90 g de poudre d'amande
3 g de fleur de sel
90 g de sucre glace
25 g de crêpes dentelles émiettées
175 g de beurre doux
40 g de jaunes d'œuf
70 g de graines de pavot bleu

Marmelade de citron
200 g de brunoise de citron confit
10 g de citron caviar
20 g de brunoise de suprêmes de citron jaune

Décor
miel d'été liquide
pousses de petite oseille
citron caviar rose

COUTEAU SALSIFIS, GWELL ET MIEL DE BRIÈRE

Pour 4 personnes

4 gros couteaux de plongé

4 salsifis ou scorsonères
1 citron jaune bio non traité

1 salsifis
1 l d'huile de tournesol pour la friture

Vinaigrette miel-fenouil
20 g de miel de Brière
2 gouttes d'arôme aneth
20 g d'huile de fenouil
60 g d'huile d'olive
100 g de fond blanc
10 g de sauce huître
10 g de mirin
30 g de vinaigre de riz
2 grains de poivre noir
1 pointe de couteau de piment d'Espelette

1 bulbe de fenouil

30 g de gwell

Divers
sel et fleur de sel de Guérande, huile d'olive, poivre du moulin, gomme de xanthane pousses de fenouil sauvage

Toute la lumière d'un matin d'hiver...

COUTEAUX

La veille: Faire dégorger les couteaux dans un grand volume d'eau avec une poignée de gros sel. Cela va permettre d'enlever le sable et les impuretés.
Cuire les couteaux 2 minutes au four vapeur et les refroidir directement dans de l'eau froide avec de la glace. Si vous n'avez pas de four vapeur, mettre un grand volume d'eau salée à bouillir, y plonger les couteaux 2 minutes et refroidir directement dans de l'eau froide glacée. Il est très important de ne pas cuire trop les couteaux, sinon ils seront durs et pas agréables à manger. Enlever les couteaux de leurs coquilles.
Pour préparer les couteaux, couper la petite poche marron délicatement sans la percer, puis enlever la petite membrane et couper de jolis tronçons. Réserver.

SALSIFIS

Avant de commencer à éplucher les salsifis, préparer un récipient large rempli d'eau glacée; y ajouter le citron jaune coupé en deux et le presser, pour empêcher le légume de s'oxyder. Poser sur la planche une feuille de papier sulfurisé. Vous munir de gants: le salsifis rend un petit liquide blanc qui colle.
Éplucher à l'aide d'un rasoir et mettre les salsifis dans l'eau citronnée glacée.
Déposer les salsifis dans un sachet sous-vide, avec un filet d'huile d'olive, du sel et du poivre. Cuire 50 minutes à 90 °C dans un four vapeur.

SALSIFIS FRITS

Faire chauffer la friteuse ou une casserole d'huile à 150 °C.
Tailler de fines rondelles de salsifis à la mandoline, les rincer à l'eau froide puis bien les sécher à l'aide d'un linge propre.
Les plonger dans le bain d'huile en remuant à l'aide d'une pince, jusqu'à obtention d'une jolie coloration. Les égoutter sur un papier absorbant puis les saler.
Les réserver dans un déshydrateur pour conserver le croustillant.

VINAIGRETTE MIEL-FENOUIL

Dans le bol du Thermomix®, incorporer tous les ingrédients et mixer une minute à vitesse 10. Ajouter une pointe de couteau de gomme de xanthane afin de fixer l'émulsion, rectifier l'assaisonnement si besoin.

FENOUIL

Tailler le fenouil en tranches fines à l'aide de la mandoline. Mettre directement les tranches dans de l'eau glacée, pour les raffermir et leur donner une jolie forme, les égoutter sur un papier absorbant juste au moment du dressage.

DRESSAGE ET FINITION

Dans un cul-de-poule, assaisonner les salsifis et les couteaux avec un filet d'huile d'olive, du sel et du poivre.
Dresser harmonieusement dans une assiette légèrement creuse ou plate: commencer par poser les tronçons de salsifis, puis les couteaux, puis, sur le dessus, 2 à 3 lamelles de fenouil et les chips de salsifis. Terminer avec une cuillère de gwell, et ajouter autour un peu de vinaigrette miel-fenouil. Décorer de quelques jolies pousses de fenouil sauvage.

L'invité

Hervé Bourdon, chef et propriétaire du Petit Hôtel du Grand Large à Quiberon

Proche est le port, tonnent les cloches qui exultent l'audacieux et farouche capitaine, Ô Capitaine…

De même que l'albatros, le Bourdon fait l'amour dans une infinie de bleus. Recouvert d'estampes japonaises, son regard de cristal résolument tourné vers le large, il suit son chemin, comme le trait noir de l'encre qui chemine sur son corps de géant. Si vous voulez avoir une chance de l'apercevoir, il faut le chercher, surtout en plein hiver. L'homme se terre à Portivy, prêt à tout pour combler le désagrément du voyage par l'immense joie de son apparition.
Bourdon de noir et de feu, son nom raisonne comme une parure.
Si débarquer au Grand Large est un pari, nul n'y risque l'échec tant la flamme est aussi maîtrisée qu'attisée par celle non moins lumineuse de sa reine, qui dans un halo de grâce vous comble du plus beau des nectars.
Mais laissez-moi vous conter son histoire…

C'est en Seine-Saint-Denis qu'Hervé voit le jour, en pur banlieusard. Mixologie d'un marmot agité par le doux mélange acidulé d'une grand-mère suisse-italienne et d'un grand-père cul-terreux en Normandie. À la maison, Maman, qui a commencé comme simple dactylo dans un établissement financier, est devenue la banquière et le petit en est fier; Papa bosse depuis ses 12 ans, il a les mains noircies par le cambouis, trafique tout ce qui roule, et transmet au gamin une passion tenace pour les motos et les automobiles.

L'enfant, lui, est à double face, hanté par une extrême timidité, il peut en devenir l'antithèse dès qu'il est à l'aise et marque ainsi de son passage furibond les bancs du lycée Saint-Adjutor. C'est là, sur les hauteurs de Vernon dans l'Eure, qu'il excelle et passe les plus belles années de son éducation. Ironie du sort ou simple coïncidence, je côtoie moi aussi cet établissement quelques printemps plus tard.

À l'adolescence, vient l'heure du choix, tandis que son frère cible une trajectoire de dessinateur industriel à la demande du père, Hervé doit se soumettre aux desiderata de sa mère qui l'imagine embrasser une carrière d'avocat international. Mais le jour de la réunion d'orientation, le destin frappe à sa porte. Tout sauf ponctuel, le jeune potache arrive bien trop tard pour s'inscrire dans une fac de droit, elles ont déjà toutes trouvé leurs futurs prétendants. Au fond de la salle presque vide, il reste pourtant une table et l'étudiant s'en approche, par dépit, pour glaner quelques informations. Surpris par la qualité des photos, il décortique la brochure qu'il tient entre les mains et tombe en pâmoison devant l'immense cafétéria du campus de l'École supérieure de l'audiovisuel! À cet instant précis, une lueur traverse son regard alors qu'il fait le lien entre le plaisir fascinant des spots qui défilent sur le petit écran et la magie qu'il doit y avoir à les réaliser.

De retour à la maison, l'abîme est profond, sa mère toutes griffes dehors s'oppose âprement à sa volonté, allant jusqu'à lui jeter au visage qu'il n'a absolument aucune imagination! L'ado déterminé résiste et insiste. Faisant face à la frénésie aussi soudaine que contagieuse de leur progéniture, les parents finissent pourtant par s'incliner.

Dès son premier stage, le succès est au rendez-vous et riche de cette expérience, Hervé se fait engager dans l'agence. Électrisé, le jeune prodige de 19 ans multiplie les tours de force, remporte un prix pour une campagne, se trouve un coéquipier de choc et fait bonne fortune.
À 24 ans, il bénéficie du salaire de ses collègues de 40, et à 33 ans, il décroche le Graal de directeur de création, normalement réservé aux quinquagénaires.
Visionnaire, Hervé prend alors conscience de se fourvoyer dans une profession loin d'être vertueuse: pondre une histoire autour d'un produit ne lui suffit plus! Troublé, il s'interroge. Dans sa quête, il regrette de ne pas avoir eu le courage d'une orientation plus artistique car il en est persuadé, c'est cela qui vibre au fond de lui. Si la publicité lui a permis de s'exprimer, il en déplore l'hypocrisie, réfugié bien à l'abri derrière un bouclier financier.
À l'aube de ce nouveau jour, l'homme aspire à plus d'authenticité, il cherche la sincérité. Fort de ce postulat, il rêve de se mettre à nu et de façonner quelque chose qui sorte vraiment de lui sans aucune dot extérieure.

Catherine, sa femme, est directrice artistique, le duo est indissociable et partage tout, jusqu'au plaisir de recevoir à la maison. Entre midi et deux, main dans la main, ils font le marché et l'après-midi Hervé cuisine au bureau, pour préparer les agapes nocturnes.
Faisant fi du doute qui l'habite, notre homme lance une idée: « On pourrait s'échapper et ouvrir un petit resto sympa rien qu'à nous... ».
Pris dans le tourbillon des affaires, emporté par le rythme frénétique de leur quotidien, les amoureux foncent tête baissée. Enflammés, animés par l'effervescence créative, ils se retrouvent du jour au lendemain à la tête du *Petit Hôtel du Grand Large* sans même avoir pris la peine de visiter d'autres lieux, ni d'écouter les cris d'avertissement de leur entourage.

Février 2006, l'ouverture est annoncée dans l'ignorance totale de ce qui les attend, ils posent le premier pied sur la Lune de cette nouvelle profession, insouciants et heureux. Dans l'aventure, ils embarquent leurs trois enfants avec pour simple bagage une petite formation de contrôleur de gestion en hôtellerie et restauration, seule petite pointe de lucidité pour cet homme qui n'a pas pour habitude de compter, bien à l'aise, installé dans le confort de son ancienne situation.
La team de départ compte quatre personnes, et propose des huîtres, des langoustines-mayonnaise, du bar et de la pintade au chou. Il va falloir une dizaine d'années pour que le publiciste autodidacte se mue en véritable cuisinier et maîtrise son sujet; pourtant le Michelin l'auréole d'une étoile dès 2011. Surpris, le couple ne saisit pas du tout le sens de cette récompense inattendue qui les laisse pantois. Qu'ont-ils fait pour mériter une telle gratification? Certes, la cuisine d'Hervé vient du cœur, elle est sincère, mais pour lui, elle reste grossière.

L'astre brille pourtant dans le ciel breton et le *Petit Hôtel du Grand Large* s'ébranle, le chef heureux se remet au travail, affine son style et développe sa personnalité. À cette étape de son parcours, le mot « restaurant » ne convient plus à l'homme, qui aspire déjà à tout autre chose. Le restaurateur cherche à inscrire le moment pour que Portivy devienne une étape incontournable.
Lucide, il a néanmoins l'intuition qu'il lui manque quelque chose pour évoluer: de la matière, de la substance. Un peu perdu au bout de la presqu'île, il est en manque de contenu. Alors il crée son potager — en permaculture — pour nourrir ses envies créatrices, raconter son histoire, faire le lien entre les éléments dans un aller-retour précieux, mêlant l'eau à la terre et le sel au limon fertile.
Catherine à son tour trouve sa voie, et se noie dans l'alchimie savante de la vigne, elle décrypte chaque mystère, cultive son palais, déniche la merveille, décèle l'harmonie, l'exactitude de l'âme face à l'environnement sacré qui laisse couler les larmes de ce breuvage liturgique.

Tout en élégance, les duettistes proposent aujourd'hui une expérience hors du temps: passer la porte du *Petit Hôtel du Grand Large*, c'est accepter de briser les principes d'une verticalité qu'ils trouvent passéiste, bien qu'inscrite au Patrimoine culturel immatériel de l'Humanité.
Sur leur terre, chacun se doit de se laisser guider vers autre chose, emporté par une vague circulaire. Face à l'Océan, Hervé et Catherine composent et proposent une œuvre personnelle et collective, une symphonie basée sur le principe fondamental de l'œuvre d'art, maniant la nature avec respect. Ils se posent en retrait, laissant toute la place au produit. Autant de lignes qui convergent avec les miennes, autant de forces liées à l'humilité du passeur qui me rejoignent, me bouleversent à chacun de mes passages. L'endroit est depuis longtemps devenu mon repère, ma source d'énergie positive, largement illuminé par Catherine, et brillamment façonné par les mains de ce géant de cœur. À l'évidence, en toute justesse, je ne pouvais faire autrement que de les inviter à croiser l'opuscule de mon cheminement, le dogme de mon parcours d'homme et de chef d'entreprise. Amis, frère ou sœur d'évangile, nous sommes des voyageurs de la conscience, et nos chemins tracent des sillons parallèles.

Les valeurs du Bourdon sont pieuses, profondes et si nombreuses que j'ai peur d'un accroc si j'en oublie une, la vérité qui est la leur, il la transporte au travers d'un caractère aussi pur que transcendant.

Avec ma baguette magique

Ils continuent leur mission, après avoir planté une forêt d'agrumes, après avoir travaillé la terre depuis des années pour la rendre vivante, ils espèrent piquer la vigne, pour en extraire le jus et, si possible, donner un vin à la Bretagne. Si ça ne fonctionne pas, alors ils disparaîtront sur une autre planète, mais pas n'importe laquelle, celle du Petit Prince, ne conservant qu'une seule doctrine: « L'essentiel est invisible pour les yeux, on ne voit bien qu'avec le cœur »...

GITZO

Erwan Balança
photographe animalier

Jouant du miroir de l'eau, il observe la nature au travers du reflet d'un monde pur, tel un La Fontaine des temps modernes. Il bavarde avec les animaux, saluant leurs aventures d'une histoire sans paroles…

La fable de sa vie démarre plus haut sur les bords de Loire, presque par hasard aux abords de la Sologne peuplée d'une faune extraordinaire. De là, il migre plein ouest, suivant ses parents jusqu'à Lorient. Son lance-pierre autour du cou ou dans la poche, Erwan déflore ce nouveau territoire de landes et de marais qui se dévoile, jour après jour, sur la frange de l'océan. De ce premier mouvement, le môme conserve la mémoire de la continuité: à l'aube de son existence, sa vie se dessine en extérieur.

Timide, introverti, il évolue dans sa bulle, heureux quand le bleu fait écho au vert, il suit son chien, fidèle compagnon, sur la trace d'animaux sauvages, traque, découvre, s'approprie chaque parcelle de cet univers; il y construit ses cabanes, comme pour marquer son territoire. Quand la réalité le met en cage, il fait l'école buissonnière et s'évade en pensée sur la dune ou le sous-bois; dans les méandres de son esprit, il gambade dans une éternité sauvage. Le soir, il ne ferme jamais les yeux sans chaparder quelques lignes à Jack London, son auteur de prédilection et, quand l'obscurité le surprend, les paupières enfin closes, il revêt le costume de Davy Crockett pour s'échapper toujours sur les traces de Croc Blanc, ou à califourchon chevauchant une oie vers un ailleurs dont seul Nils Holgersson connaît la destination.

Le jour, sur les bancs de son adolescence, le dessin est l'unique activité qui lui permet de conserver le lien avec son existence secrète. Sur la feuille blanche, il griffonne des poissons et des paysages de lacs sauvages au cœur de la forêt, où seule une barque semble l'inviter à s'échapper. Élève sans histoire, il camoufle ses échappées champêtres, de peur de passer pour un plouc auprès de ses copains et laissé de côté par ses professeurs, il est considéré comme un artiste…

Erwan a 20 ans, quand, pour son anniversaire, ses parents lui offrent un appareil photo. Quelle idée! Face à une telle dépense inutile, il est déconcerté, pourquoi ce cadeau, et que peut-il bien en faire? Le boîtier va rester au fond d'un tiroir jusqu'au jour où le jeune homme dégote à Rennes un vieux téléobjectif tout pourri, un 400 mm. C'est la révélation! Sa relation avec le monde animal répondait jusqu'ici à des instincts primitifs, alors qu'Erwan traquait l'animal pour lui ôter la vie dans un flot de larmes que seul l'acte de cuisiner semblait apaiser. Faisant écho de cette nouvelle partition, il relègue la mort aux oubliettes et construit des cabanes pour observer la vie. Planqué face au terrier, c'est à coups d'obturateur qu'il salue le garenne ou le renard, observant jour après jour, apprenant plus encore, pour parfaire son dialogue sourd et muet, totalement submergé, habité par le frisson de cette nouvelle prière au monde animal. Conservant l'esprit du trappeur de ses rêves, il attrape l'image, laissant la peau suivre son chemin.

Erwan cherche à s'orienter vers une profession au cœur de la nature, il constitue des dossiers pour être garde forestier, ou pour rentrer dans un lycée aquacole, mais son passé de cancre le rattrape… Devant cet échec scolaire supplémentaire, il passe le concours d'éducateur spécialisé, qu'il obtient haut la main. Il entre en formation à Rennes pour 3 ans, et travaille jour et nuit. Son poste lui permet de cumuler des heures de travail, qu'il récupère ensuite sur de longs week-ends pendant lesquels il retourne à la nature, et disparaît dans ses affûts. Ainsi, il esquisse son chemin à travers le monde enchanté de ses amis d'enfance, pour privilégier une fois encore ses longs tête-à-tête, si éloignés d'une société agitée par des maux qu'il préfère oublier.

Après cinq années de ce parallèle entre l'homme et l'animal, le nom de Balança existe dans un nouveau monde, celui des photographes animaliers; Erwan s'est équipé en matériel, il possède un joli stock d'images et s'est créé son réseau au travers des magazines et des maisons d'édition. Il lâche son boulot et se concentre enfin à 100 % à sa passion.

Bien en place dans sa nouvelle vie, il renoue avec une autre de ses occupations favorites, la cuisine! Gamin déjà, avec son grand-père, Erwan adorait pêcher un sandre ou un brochet pour le cuisiner avec respect dans une décoction de verveine fraîche juste cueillie au cœur du jardin merveilleux de son aïeul; ou encore confectionner des gâteaux, pour son plus grand bonheur de gourmand assumé.

Si, à 12 ans, son père cuisinier fait dévier cette orientation souhaitée, l'homme a toujours conservé cet instinct complémentaire à ses activités en extérieur.

C'est en 1998 que le photographe est envoyé en Brière par la région pour me rencontrer et immortaliser ensemble des images représentant les produits et la gastronomie en Pays-de-Loire. C'est évident, la rencontre est immédiate entre nous, et pour Erwan, une porte s'ouvre sur l'avenir: la cuisine sera un plus, ce petit complément qui va souder le cercle de sa vie.
Cuisinier-photographe, photographe-cuisinier, nos destins se croisent sur le fil palpitant de nos histoires de nature. Il voulait jouer ses gammes sur un fourneau, je rêvais de passer ma vie à l'affût du monde sauvage; ensemble, nous partageons les fantasmes d'un autre parcours. Notre amitié raisonne du vibrato de la justesse des êtres vivants, chacun livrant à l'autre son expérience onirique de la nature, l'un la capturant pour le plaisir de l'autre.

Cet ouvrage est le deuxième hymne à notre environnement que nous publions ensemble. Pas à pas, nous le modelons, cherchant à restituer au plus près notre amour pour cette liberté sauvage que la Loire-Atlantique nous offre. Notre envie première, c'est de vous faire partager notre monde sur le dos d'un oiseau, survolant la Brière, le lac de Grand-Lieu ou l'estuaire, jusqu'à plonger vers un autre temps suspendu, celui de nos assiettes et du souvenir de nos captures, dans le plus grand respect de ce cadeau sacré.

Les valeurs d'Erwan sont si simples qu'elles devraient toutes nous habiter, il est là où il voulait être, traçant sa ligne de vie.

Avec ma baguette magique
Il retire toutes les menaces que l'homme fait peser sur la nature et par résonance, sur lui-même.

ADRESSES

Rémy et Mathieu Anézo
Les Pigeons de Mesquer
Route de Campzillon, 44420 Mesquer
02 40 70 99 23
lespigeonsdemesquer.com

Hervé Bourdon
Le Petit Hôtel du Grand Large
11 quai Saint-Ivy, 56510 Saint-Pierre-de-Quiberon
02 97 30 91 61
lepetithoteldugrandlarge.fr

Cécile
La Ferme de Cécile
Le Clos de Monnière, Le Couderay, 44630 Plesse
lafermedececile.fr

Françoise et Lionel Charteau
La Maison Charteau
12 Kercadoue, 44350 Saint-Molf
02 40 62 39 28
maisoncharteau.com

Cédrix Crespel
cedrixcrespel.com

Pierre Gagnaire
Restaurant Pierre Gagnaire
6 rue Balzac, 75008 Paris
01 58 36 12 50
pierre-gagnaire.com

Alexandre Gauthier
La Grenouillière
19 rue de la Grenouillière,
62170 La Madelaine-sous-Montreuil
03 21 06 07 22
lagrenouilliere.fr

Nicolas Guérin
La ferme de Bois Joubert
44480 Donges
fermedeboisjoubert@orange.fr

Déborah Hamon
Les Jardins d'Athénaise
Tréhé 44117, Saint-Andrée-Des-Eaux
07 84 30 06 37

Famille Huitric
Huitric Producteur
Congor, 44350 Guérande
02 40 62 00 60
huitric-producteur.fr

Arnaud Legoff
Ferme des Petites Mottes
49 route de la Motte-Allemand, 44600 Saint-Nazaire
www.facebook.com/lafermedespetitesmottes

Olivier Masmonteil
oliviermasmonteil@yahoo.fr

Jean-Henri Pagnon
Couteau Morta Atelier JHP
96 rue de la Brière, 44117 Saint-André-des-Eaux
06 58 86 13 75
couteaux-morta.com

Valérie et Jean-Marie Pédron
La Ferme marine
Les Jardins de la Mer
5 rue Raymond-Poincarré, 44490 Le Croisic
06 68 98 96 34
lesjardins-delamer.fr

Alain Rey
Les Ruchers du Pays Blanc
3 rue de l'Océan, 4410 Herbignac
02 40 88 80 37
lesruchersdupaysblanc.com

Benjamin
Dix ans déjà, d'abord second, puis chef pour moi ailleurs, il revient à La Mare aux Oiseaux *pour être mon assistant. Depuis, il est la clé de tout le travail que nous réalisons avec les producteurs. Véritable expert en sourcing, il transmet son savoir et nous permet de mieux acheter tout en conservant un contact privilégié avec les artisans de notre région.*

SUPERDRY

Toutes les photographies sont d'Erwan Balança
www.erwanbalanca.fr

Pour mes recettes, j'utilise le Thermomix®;
libre à vous de les réaliser avec un autre robot ménager,
mais je ne garantis pas le même résultat.

Tél.: 0148050303 — www.editions-ulmer.fr
Retrouvez-nous sur Facebook et Instagram

Responsable éditorial: Antoine Isambert — Suivi éditorial: Raphaèle Dorniol
Réalisation, maquette: Guillaume Duprat, Julia Verneau

Impression: Printer Trento, srl
ISBN: 978-2-37922-135-4 - N° d'édition: 135-1
Dépôt légal: octobre 2020
Printed in Italy